Traumbild Unterwelt

Träume, die sich im Bereich des Dunklen und Unterirdischen abspielen, führen weg von der Oberfläche zu den tieferen, verborgenen und verdrängten Werten – wie Weiblichkeit, Sensibilität für das Grollen der Natur, Wahrnehmung der dunklen Seite Gottes. Vor diesen Träumen ängstigen wir uns, doch sie haben heilende Wirkung.

Solchen Unterwelt-Träumen begegnen wir besonders an einer Lebenswende, wenn wir das Alte und Alltägliche aufgeben müssen. Sie führen weg von den Göttern unserer Zivilisation in eine «Anderweltlichkeit»: unter das Wasser, unter die Erde, dorthin, wo wir alles begraben haben, was von Kultur und Kirche verteufelt wurde. Traumbilder wie Wolf, Schlange, Zauberer, Hexe, dunkle Frau, wilde Jagd, Feuerdämon, Tod usw. melden sich dann an, um uns die dunkle Seite kundzutun. Und gerade diese erschreckenden Gestalten entpuppen sich als helfende Kräfte, als die andere Seite unserer Welt, die in eine verkannte Wirklichkeit hineinführt, neue Entwicklungsmöglichkeiten eröffnet und eine belebende Wirkung auf die Psyche ausübt.

Träume als Wegweiser

Herausgegeben von
Helmut Hark, Verena Kast, Ingrid Riedel

Anita von Raffay

Traumbild
Unterwelt

Von den dunklen Göttern der Tiefe

Walter-Verlag
Olten und Freiburg im Breisgau

Alle Rechte vorbehalten
© Walter-Verlag AG, Olten 1986
Satz: Jung SatzCentrum, Lahnau
Druck und Einband: Grafische Betriebe
des Walter-Verlags
Printed in Switzerland

ISBN 3-530-67457-5

Inhalt

Vorwort von Helmut Hark

In unserer Zeit sind viele Menschen durch die Geheimnisse des Seelenlebens und der Unterwelt entweder fasziniert oder beunruhigt und geänstigt. In merkwürdigen und geheimnisvollen Träumen werden wir in diese dunkle Tiefe geführt. Nach tiefenpsychologischer Auffassung ist die Unterwelt ein Gegenbild zur Oberwelt. Während sich viele Menschen in Flugzeugen in die Höhe tragen lassen oder in großer Begeisterung an der Weltraumfahrt Anteil nehmen, gibt es im Unbewußten eine Gegenbewegung in die Unterwelt. In diese verborgene Dimensionen der Tiefe führt uns Anita von Raffay in diesem Buch. Aus ihrer langjährigen Praxiserfahrung hat sie eindrucksvolle Beispiele und Träume von verschiedenen Frauen und Männern ausgewählt, die wichtige Verstehenshilfen bieten für diese dunkle Dimension in uns. Wenn Sie dieses Buch aufmerksam gelesen haben, werden auch Ihnen die eigenen Träume von Höhlen, von «Hölle» und der Unterwelt in einem neuen Licht erscheinen.

Der Oberflächlichkeit unseres Tagesbewußtseins mit dem weit verbreiteten Willen zur Macht und zur Machbarkeit vieler Dinge stellt die Autorin die Tiefgründigkeit der Träume von der Unterwelt gegenüber, die häufig bisher ungeahnte Entwicklungsmöglichkeiten eröffnen.

Dieses Buch ist von einer engagierten Frau und erfahrenen Therapeutin geschrieben, die Wege zur Vertiefung des Lebens und zur Wandlung der Persönlichkeit weist. Mit dem Begriff der «Anderweltlichkeit» weist die Verfasserin uns auch auf das ganz andere hin, das unser bisher vorherrschendes männlich-patriarchales Welt- und Gottesbild durch das dazugehörige Gegenbild ergänzt.

Wer bisher durch seine dunklen Träume von der Unterwelt geängstigt wurde, erhält mit diesem Buch wichtige Verstehenshilfen für die ihm unbekannten Beweggründe seiner Seele und für seine Anderweltlichkeit.

Meinen Dank an Herrn Dr. Helmut Hark
und Herrn Albin Beck
für wichtige Hinweise und wertvolle Gedanken.

Unterwelt-Träume

Die Landschaften der Seele sind wunderbarer als
die Landschaften des gestirnten Himmels:
nicht nur ihre Milchstraßen sind Tausende von Sternen,
sondern ihre Schattenklüfte, ihre Dunkelheiten
sind tausendfaches Leben, Leben, das lichtlos geworden ist
durch sein Gedränge, erstickt durch jene Fülle.
Und diese Abgründe . . . kann ein Augenblick
durchleuchten . . .

Hugo von Hofmannsthal

Träume stellen eine Grenzüberschreitung dar von
der unbewußten Nachtseite der Seele zur bewußten Tagwelt. Grenzüberschreitungen haben immer
die Phantasie einzelner beflügelt. Der Wunsch ist
uralt: Denken wir an den alten Menschheitstraum
vom Fliegen oder davon, diesen Planeten zu verlassen. Diesen äußeren Bemühungen in der Raumfahrt beispielsweise, die wir in diesem Zeitalter erleben, entspricht auch eine innere Realität der
Grenzüberschreitung.
Freud und Jung haben uns Wege gezeigt, um innere Grenzen zu überwinden und vom Bewußtsein
ins Unbewußte vorzustoßen. Es ist deutlich, daß
das Vorstoßen in immer weitere Grenzbezirke, so

wohl außen als auch innen, in der Psyche den Platz eingenommen hat, den früher die Religionen innehatten. Die Beschäftigung mit der eigenen Seele geschieht nicht mehr so sehr im Rahmen der Kirche, sondern wir betreiben sie allein oder in der Praxis des Psychotherapeuten, mit Freunden, denen wir «unser Herz ausschütten», in verschiedenen Selbsterfahrungsgruppen.

Seit der Entdeckung des Unbewußten ist es mehr und mehr die Aufgabe des einzelnen geworden, Sorge um seine Seele zu tragen, zu versuchen, an das eigene Zentrum, an die eigene schöpferische Quelle angeschlossen zu sein. Religiosität hat sich also nicht verflüchtigt, sondern sie hat sich in die Seele des einzelnen verlagert. Die Beziehung zur eigenen Seele wird immer wichtiger. Auch an Beziehungen zum anderen wird viel «gearbeitet», das Alleinsein hingegen wird vernachlässigt und gefürchtet, gefürchtet aus vielen Gründen, manchmal aus Prestigegründen: «Man hat einen Partner, eine Partnerin zu haben», oder aus einer Angst heraus mit sich selbst, mit der eigenen Tiefe konfrontiert zu werden. Es ängstigt, sich mit Unsichtbarem, nicht Greifbarem auseinanderzusetzen. Das trifft insbesondere für unsere Kultur zu, die innere Werte *außen* sucht, die versucht, *außen* alles perfekt zu machen, weil sie an einer abgespaltenen Extravertiertheit leidet, einer hilflosen, desolaten, die nicht Freude am Leben, sondern Angst vor dem Innern bedeutet.

Ich meine, wir brauchen nicht immer noch *mehr* Beziehungen, wir brauchen «Alleinsein». Beziehung ist für viele so wichtig wie eine Göttin, ist «das erstrebte Muß» der letzten Jahrzehnte geworden. Es wäre wichtig, das Alleinsein nicht als Prestigeverlust oder als innere Katastrophe zu erleben. Die Unterweltsträume helfen uns, zu uns selbst zu finden, denn sie ziehen uns in die Tiefen unserer Seele.

Der einzelne entdeckt sein Geheimnis, seinen Wert erst auf dem Weg zu sich selbst.

Ich möchte erklären, was ich mit Unterweltsträumen meine. Ich verstehe Unterwelt nicht als einen konkreten geographischen Ort, auch nicht als einen mythologischen, sondern als einen seelischen Zustand. Einen inneren Ort der Seele (vgl. Hillmann, Dream), der uns, wenn wir uns da befinden, bestimmte Gefühle und Wahrnehmungen vermittelt, auf die ich eingehen werde. Ich meine mit Unterwelt also eine bestimmte Einstellung zu Dingen. Um diesen Ort der Seele zu kultivieren, ist es nötig, in die Tiefe zu gehen, denn es sind die dunklen Götter der Tiefe, die uns am stärksten berühren. Die Gefühle und Wahrnehmungen, die sie in uns erwecken, bewirken eine Stimmung der Anderweltlichkeit. Sie hinterlassen in uns den Eindruck, in eine andere Dimension verstrickt gewesen zu sein. In Unterweltsträumen erleben wir ein Gehen oder Fallen in eine andere Welt mit dem begleitenden Gefühl des Glücks, des Schreckens, der Angst, des Unheimlichen. Es ist ein Geführt- und Gestoßenwerden, das wir erleben; es sträubt sich oft alles in uns dabei, weil wir gerade *das* nicht wollen, nämlich hinunter ins Dunkle und nicht in luftig helle Höhen geführt zu werden. Unterweltsträume konfrontieren uns mit dem Numinosen, das uns fasziniert und erschreckt und uns das Gefühl der Unwiderruflichkeit gibt, den Eindruck, daß jetzt etwas auf uns zukommt, was unabwendbar ist. Das Unheimliche, das Erstaunliche befällt uns da plötzlich, so wie wenn eine Schlange im Gras, die wir nicht gesehen haben, sich plötzlich aufrichtet und uns ansieht.

Die dunklen Träume zeigen uns eine andere Welt, in der unsere Wünsche und Ideen, die uns bei Tag bestimmen, wenig Gültigkeit haben. Was wir in der Tagwelt für ‹richtig› halten, für sicher, für vernünftig oder auch für gefühlsmäßig in Ordnung, das wird durch die Träume der Unterwelt durchkreuzt – jedenfalls in Frage gestellt. Ein neues Gefühl der Zugehörigkeit zum eigenen Inneren, zur Seele entsteht, und alte Bindungen, Komplexe, Ziele und Wünsche werden aufgelöst.

Wann tauchen Unterweltsträume auf? Meist dann,

wenn man an einer Wende angelangt ist und gezwungen, alte Ideale aufzugeben. Vielleicht hat man zu lange nach Erfolg und Ansehen oder äußeren Werten gestrebt, oder äußere Dinge sind zu wichtig geworden, oder vielleicht war man zu «gütig» und zu «altruistisch», hat zu wenig an sich, zu sehr an andere gedacht! Oder man ist zu lange Kind geblieben, zu abhängig von den materiellen Gütern dieser Welt oder von der Meinung anderer. Vielleicht hat man immer so gelebt, daß andere einen annehmen, lieben mußten, und war zu angepaßt. All das hat verhindert, daß man zu sich selbst gekommen ist! In solchen Phasen tauchen dann oft Traumbilder auf, die diese alten Ideale zunichte machen: chaotische abgründige Bilder kündigen Neues an, wenn unser bisheriges Ich sich verändern soll.

Die Seele ist aber verbunden mit den kollektiven Werten unserer Kultur, und diese sind heute oft einseitig auf gradlinige Entwicklung, auf Erfolg und Leistung ausgerichtet. Als böse, krank oder verwerflich gilt, was diesen Werten entgegensteht. Das ist der Grund, warum Unterweltsträume oft unheilvolle Bilder beschwören, eben weil sie im krassen Widerspruch zum rationalen Zeitgeist stehen. Sie kommen, um uns aufzurütteln, alte Erstarrungen zu lösen, und künden von Neudurchzuleidendem und innerer Wandlung.

Diese Träume kann man auf viele verschiedene Weise deuten. Jeden auf mehrere Arten und auf den verschiedensten Ebenen. Ich möchte die Träume hier nicht auf deren neurotischen oder pathologischen Konflikt hin untersuchen, sondern mein Anliegen ist es, die Träume als Sinnbild der Unterwelt zu verstehen und darzulegen. Mit den Unterweltsträumen stößt die Seele auf ihre tiefsten und verborgensten Leiden, das heißt zu jenen Regionen, wo Unabänderliches und Unwiderrufliches, das ganz dem Individuum zugeordnet ist, existiert (vgl. Hillmann, Dream). Durch den Abstieg mit diesen Träumen wird man oft innerlich zum Außenseiter, und das bedeutet, daß man mit sich allein sein kann, weil man eine Beziehung zu seinem tiefsten Inneren gefunden hat, und umgekehrt wird man dann auch fähig, eine bessere Beziehung zu seinen Mitmenschen aufzubauen.

Diese Unausweichlichkeit der Unterweltsträume vermittelt uns dieselben Gefühle, wie wir sie auch dem Tod gegenüber haben. Tod und Unterwelt stehen als Symbol für die Suche des heutigen Menschen nach seelischer Ganzheit, die wir im modernen Alltag des Konsums, der Zerstörung der Natur, der Vereinsamung nicht finden. Dort unten ist alles wie es ist, ohne die Möglichkeit, dies und jenes noch zu verbessern. Der Ideologie, immer ‹fit› zu sein, nicht traurig oder unglücklich zu erschei-

nen, «sich nichts anmerken zu lassen», «weiterzu-
machen», lieber eine Freundschaft riskieren als Erfolg oder Beliebtheit, stehen Träume von Tod und
Unterwelt entgegen. Sie zwingen uns, Schwäche zu
erleben, erlauben uns, *nichts* zu leisten, geben uns
die Erfahrung unserer Bedürftigkeit und bewirken, daß Ehrgeiz keine Rolle mehr spielt.

Warum ist die Unterwelt in unserer Vorstellung
auch gleichzeitig die Totenwelt? Dies geht auf die
Antike zurück. In der griechischen Mythologie ist
sie das Totenreich, das Reich der Schatten, in dem
die Seelen der Verstorbenen weiterleben. Dieses
Reich wurde von dem großen Gott Hades und seiner Gattin Persephone regiert. Hades war ein Bru-
der des Zeus, des obersten Gottes und ihm gleich-
rangig. Im Christentum jedoch bekam die Unterwelt einen anderen Charakter: das Totenreich
wurde mit dem der Hölle gleichgesetzt, wo die
ewige Verdammnis lauert. Somit wurde die Unterwelt und auch der Tod im Christentum als etwas
Böses angesehen, das zu vermeiden ist. Aus dem
Totenreich wurde das Reich des Teufels. Erst in
der Psychologie des 20. Jahrhunderts mit Freud
und Jung trat eine Wende ein: der Abstieg zu den
Dunkelheiten der Seele war Voraussetzung für Be-
wußtmachung und Ganzwerdung. James Hillman
sagt uns, daß die Unterwelt ein Ort ist, wo sich die
Seele in Träumen gerne aufhält. Er zitiert Plato:

«Was hält die Seelen in der Unterwelt?» Antwort: «Verlangen.» Die Seele wünscht da zu bleiben, wo ihr Befriedigung zuteil wird. «Und was befriedigt diese Wünsche der Seele?» Antwort: «Die wohltuende Weisheit von Hades» (Hillman, Dream, S. 121). Die Beziehung zur Unterwelt, zu den Tiefen der Seele ist also heilsam und wohltuend.

Auch die Maya-Indianer wußten, daß die Psyche *unten* ihre Wurzeln hat und daß man hinunterhorchen muß. Im Urwald von Palenque sah ich ein «Psychedukt», das mir mein Führer mit tiefer Ehrfurcht zeigte. Es war dies ein tiefer Schacht, ein Spalt in der Erde, von Steinen umgeben. Es war ganz still und fast dunkel in dem tropischen Regenwald. Die Sonnenstrahlen brachen sich nur schwach in der tiefen Dunkelheit des Waldes. Ab und zu schrien einige Affen in den Bäumen. An diesen Ort – so erzählte mir der Indianer – kamen die Maya, um mit den Geistern der Unterwelt – wir würden sagen, mit den Gestalten der Psyche – Zwiesprache zu halten. Der Gang zu diesem Psychedukt schloß die Mayas an das Göttliche noch tiefer an als der Kult in ihren herrlichen Pyramidentempeln.

Ich glaube, das Faszinierende an der Unterwelt ist die Ahnung, das innere Wissen, daß es um Verwandlung geht. Und außerdem verschaffen uns diese Träume Befriedigung, weil wir die geheimnisvolle Grenze ins Totenreich überschreiten und beim Erwachen merken, daß wir noch leben: für kurze Augenblicke ist die Trennung zwischen Leben und Tod scheinbar aufgehoben.

Die Unterwelt als *Lebens*raum

Was zählt, ist nicht der Erfolg,
was zählt, ist der Einsatz.

C. G. Jung

Es gibt keine *positiven* und *negativen* Träume, denn die Beziehung, die wir zu Träumen haben, ist keine, die mit Leistung zu tun hat oder mit Wertungen. Der Traum zeigt uns einfach, wo wir gerade stehen, an welchem Ort in unserem psychischen Prozeß wir angekommen sind; wenn wir die Träume mit Neugier aufnehmen, ist jeder Traum ein Abenteuer, das uns packt und mitreißt. Es ist wichtig, die eigenen Träume zu lieben, so wie die eigene Seele. Um sie kennenzulernen, muß man sich tief beugen. Es gibt Träume, die uns erfreuen und bezaubern, andere, die Angst oder Ekel einflößen. Auch die Unterweltsträume sind von beiderlei Natur, manche beglücken, andere erschrecken uns.

In der Antike wurden Träume als Botschaft der Götter angesehen. In Griechenland war es der göttliche Arzt Asklepios, zu dem die Heilungssuchenden gingen. In seinem unterirdischen Heiligtum hielten sie sich so lange auf, bis ein Gott den Traum sandte, der ihnen Heilung kündete. Es war also entscheidend, bei dem göttlichen Arzt so lange zu verharren, bis ein helfender Traum kam. Die Menschen, die damals Heilung suchten, waren bereit, ihr tägliches Leben zu verlassen, so lange, bis das Unbewußte in einem Traum zu ihnen sprach und der Arzt sie zu entlassen bereit war.

In heutigen Traumdeutungen sind wir gewohnt, das Lebendige, Schöpferische in der Tiefe zu finden und es dann in das Tagesbewußtsein heraufzuziehen und zu integrieren. Das Gegenteil ist bei Unterweltsträumen meist der Fall. Ich möchte hier zwei Träume als Beispiel bringen, die zeigen, daß das Lebendige und Kreative auch in die Tiefe hinunterstrebt, weil es nur dort noch wirken kann. Der Mensch braucht den Schutz eines Raumes, wo die Hektik des oberen Lebens keinen Zugang hat. In diesem Zusammenhang glaube ich, daß Träume vom Abstieg wichtiger sind als die vom Aufstieg. – Als ich diese Zeilen schrieb, saß ich gerade an einem Bach, der vom Berg ins Tal fließt. Ich ging ihm nach und entdeckte, daß er unterirdisch wurde, sich meinen Blicken entzog, entschwand und in der Erde weiterfloß. Das «lebendige Wasser», der «Strom des Lebens» sind archetypische Bilder des Lebendigen, das nach unten strebt.

Als Beispiel zwei Träume einer Frau, Ora, die sie während der Zeit ihrer Analyse hatte.

Ich stand an einem See. Am Ufer saßen drei Frauen. Sie waren alle drei sehr schön. Eine von ihnen hatte dunkles Haar und schien zu arbeiten, vielleicht zu spinnen oder zu weben. Plötzlich sprang sie vor meinen Augen ganz unmotiviert auf und stürzte sich in den See. Das Wasser wurde ganz klar. Ich konnte sie unten sehen. Sie setzte sich bequem auf eine Chaiselongue und arbeitete dort weiter. Plötzlich sprang die zweite Frau auf und tat genau dasselbe. Auch sie richtete sich unten ein und verrichtete eine Arbeit. Ich sah, daß zwischen den beiden Frauen und der dritten, die oben geblieben war, ein Faden, irgendeine Verbindung hergestellt war.

Dazu kommentiert die Träumerin: «Zuerst war ich sehr erschrocken, aber dieses Herunterspringen und Unten-weiter-Arbeiten hatte auch etwas sehr Wohltuendes. Es war aufregend – die Frauen machten es sich dort unten so bequem und schienen sich da sehr wohl zu fühlen. Die zwei können jetzt in der Oberwelt nichts tun, und die dritte Frau, die bleibt ja oben und hat Verbindung zu ihnen durch einen Faden. – Ich glaube, daß ich immer zu viel äußerlich und außen wirken will, daß ich zu wenig beachte, daß ich auch ein Innenleben habe und auch ‹innen› oder ‹unten› etwas passiert. Sehr viel sogar!» – Sie lächelte mich an.

Es ist von entscheidender Bedeutung, daß es gerade drei Frauen sind, denn die Schicksalsgöttinnen, die Nornen oder die griechischen Moiren sind auch drei. Letztere sind auch mit dem Todesdämon verwandt und haben ihre Wohnung in der Unterwelt. Die drei spinnen den Lebensfaden und flechten die Netze, die Leben und Tod des Menschen zusammenhalten. Sie leben in der verborgenen Tiefe an den Wurzeln des Weltenbaumes, und dort unten erfahren sie das Schicksal des Menschen (Herzog, S. 113; Hark, Baum). Von ihnen heißt es auch, daß sie aus dem Quellgrund heraus, da wo das lebendige Wasser entspringt, immer wieder an die Oberfläche emporsteigen und den Menschen von Leben und Tod künden. Die Moiren sind Göttinnen, die dem Menschen ihr Schicksal zuteilen, das aber nicht festgesetzt ist, sondern durch menschlichen Willen beeinflußt werden kann. Der Traum offenbart eine mythische Vision des Weiblichen, denn Spinnen und Weben sind uralte, weibliche Tätigkeiten, die gerade heute alte Sehnsüchte in uns wecken. Ich kenne viele Frauen und sogar Männer, die diese Tätigkeiten wieder erlernen.

Das Lebensspendende des Wassers, seine Lebendigkeit, werden hier besonders deutlich (vgl. Anderten, Traumbild Wasser); es wird der Träumerin als Lebensmöglichkeit für zwei dieser Schicksalsfrauen angeboten. Ihr Wirkungsfeld außen wird somit verringert. Ora erlebt in diesem Traum, daß sie, ihr Ich, auch einmal abseits stehen kann und daß innere weibliche Kräfte für sie arbeiten, schicksalhaft am Werk sind, ohne daß sie mit ihrem Ich immer gleich eingreifen und handeln muß. Bisher hatte sie zu wenig Vertrauen in die webenden und spinnenden Kräfte in sich gehabt. Mit diesem Traum änderte sich ihr «Machenwollen» langsam.

Das, was nach unten strebt, weg von uns, muß nicht immer gerettet werden. Im Gegenteil: *Es* arbeitet in uns, und von *unten* fließen uns ungeahnte neue Energien zu. So war es auch mit dem zweiten Traum, den mir Ora einige Monate später erzählte.

Ich war am Meer, an einer Bucht mit glasklarem Wasser, das wunderbarste Wasser, das ich je gesehen hatte: türkisblau und jadegrün. Ich war da mit einem kleinen Kind. Es war nicht größer als eine Puppe, aber völlig fertig und von bezaubernder Schönheit und Klugheit. Ich wußte im Traum, es war Amor. Der Kleine sprach auf mich ein. Er erzählte mir Unglaubliches – von der Welt, vom Leben. Eine unerklärliche Verzauberung ging von ihm aus. Da plötzlich fiel er ins Wasser. Ich war zu Tode erschrocken, doch er kam wieder an die Oberfläche, aber ich konnte nicht nach ihm greifen, ihn herausziehen, und so versank er das zweite Mal wieder in der Tiefe.

Die Träumerin brachte mir den Traum erst einige Monate später und berichtete dazu: «Ich war voller Angst, als ich erwacht, daß ich Amor in der Tiefe hab' versinken lassen. Ich dachte, eine Lähmung würde mich nun befallen, irgend etwas Schreckliches würde mir jetzt passieren! Aber es kam anders! Von diesem Tag an konnte ich sehr gut arbeiten, ohne viel zu grübeln. Sehr konzentriert und schnell saß ich an meiner Arbeit. Es scheint also einen Sinn gehabt zu haben, daß ich dieses wunderbare Kind nicht habe retten können. Ich liebte dieses Kind. Es war von so überirdischer Schönheit und einem solchen Zauber! – Ich werde diesen Traum niemals vergessen!»

Wichtig ist hier das Motiv der Angst und Sorge sowie der Liebe und Verzauberung, das die Träumerin für dieses Kind Amor empfand. Die Begeisterung und Bezauberung, die von seinen Worten ausging, bewegte sie tief. Der Traum ging mir selber auch noch sehr lange nach, und ich nahm die Gelegenheit wahr, ihn mit einem Kollegen (Russell Lockhart) zu besprechen. Er antwortete mir so: «Eros ist ein autonomer Faktor, und ich glaube, man muß schon sehr dankbar sein, daß er überhaupt erscheint. Man kann ihn aber nicht besitzen wollen oder gar retten. Eros hat eine zirkulierende Präsenz, seine Abwesenheit gehört genau so zu ihm wie seine Anwesenheit, so daß es richtig ist, daß das Ich gelähmt ist, wenn es versucht, ihn zu retten, sich an ihn zu klammern» (Übers.).

Das verlassene, ausgesetzte Kind ist ein archetypisches Motiv, und wenn wir ihm in Träumen oder im Alltag begegnen, löst es Angst, Verlust und Hilflosigkeit aus. Hier muß das göttliche Kind Eros die Träumerin verlassen, bzw. es wird von dieser im Stich gelassen. Sein Erscheinen hatte jedoch genügt, um Ora zu beleben und ihr eine Fülle von Lebensenergie und ein Gefühl der Unabhängigkeit zu geben. Amor, das göttliche Kind, wäre zu gefährdet gewesen, in der Oberwelt zu leben. Sein Versinken zeigt an, daß dieses Traumwesen autonom ist, unabhängig von den Werten des äußeren Lebens, des Alltags.

Beide Träume haben eine wichtige Botschaft für uns: nicht alles, was in der Tiefe verschwindet und was sich unseren Blicken entzieht, ist verloren, sondern es lebt und wirkt unten weiter. Auch nicht alles, was hinunter, zum Beispiel ins Wasser fällt, muß gerettet werden! Es entzieht sich nur manches unserem Zugriff, dem Besitz des Ich. Denn zugreifen, festhalten bedeutet zu oft: sich bemächtigen. Aber wir können uns der Traumwesen, der Figuren des Unbewußten, der Götter nicht bemächtigen. Jung selbst hatte einen Traum, wo er genau dieses Thema aufnahm und kommentierte. Er schreibt: «Ich verstehe jetzt einen Traum, den ich einmal hatte und der mir großen Eindruck machte:

Ich stand in meinem Garten und hatte eine reiche Quelle aufgegraben, die mächtig hervorsprudelte. Dann mußte ich einen Graben graben und ein tiefes Loch, wo ich alle Wasser dreinsammelte und wieder der Erdtiefe zuleitete.

Darum ist uns im unaufschließbaren und unaussprechbaren Symbol das Heil gegeben, denn es schützt uns davor, daß der Teufel (Jung meint hier mit Teufel ‹das Verstehen›) den Samen des Lebens verschluckt... Das wahre Verständnis aber scheint das zu sein, was man nicht versteht, und das doch ist und wirkt» (Briefe I, S. 54).

Die zwei Frauen, die ins Wasser sprangen, der Amor, der wieder im Meer verschwindet, stellen Werte dar, die für die Seele nicht verloren sind, sondern unten weiter wirken.

Würden sie in der Tagwelt bleiben und wir uns ihrer bemächtigen, würden wir sie wahrscheinlich entweder vertreiben oder sie ihrer Gestalt und Eigenart berauben. Es ist eben ein großer Unterschied, ob wir die Traumwesen, die der Unterwelt angehören, heraufzwingen wollen oder ob wir ihnen hinunter folgen. Ersteres würde bedeuten, daß das Lebendige und Außerordentlich-Individuelle vom Tagesbewußtsein, von der Anpassung, die wir leisten müssen, verschluckt wird. Letzteres, daß wir einen Teil unserer Normalität opfern, daß wir die Anpassung an das Kollektiv aufgeben und ein Stück Außenseitertum in Kauf nehmen.

Manchmal klagen Analysanden mir, es passiere ihnen zu wenig, oder sie fragen mich, was sie jetzt tun sollten, nachdem sie eine Erkenntnis gehabt hatten. Ich antworte ihnen meistens: «Ich weiß es nicht, vielleicht sollten Sie gar nichts tun – im Unbewußten geschieht etwas. Dort ereignet sich ein Prozeß, den wir verstehen sollten.» Wenn im Traum eine Figur im Wasser, in einem Bach, im Meer, in einer Höhle ihren Wohnort aufschlägt, so tut sie's, weil sie es braucht, weil sie es nötig hat zu versinken. Die Unterwelt in Träumen als Lebensraum ist ein wichtiges Ereignis für den Träumer oder die Träumerin, das meist mit starken Emotionen einhergeht. Es entlastet das Ich, weil es hastigem Handeln entgegenwirkt.

Der Traum von den drei Frauen löste Überraschung und Staunen bei der Träumerin aus. Und als sie sah, wie schön sich die Frauen unten eingerichtet hatten, spürte sie ein tiefes Gefühl der Befriedigung. Im Traum mit dem Eros-Knaben überwogen zunächst Schrecken und Verzweiflung wegen des Verlustes, aber bald verspürte sie eine große Beglückung, weil das kleine Kind über die Schönheiten des Lebens und der Welt zu erzählen wußte. Es ergab sich der Eindruck, das sowohl das

Auftauchen wie das Untertauchen, das Wiederver-
schwinden, mit dazu gehörte. Beide Träume gaben
ihr und auch mir die Gewißheit: Ja, es ist richtig so,
trotz dem Verlust, den sie, die Träumerin, spürte.

Manchmal aber überwiegen der Schmerz des Verlustes und die Angst. Das wird als ein Gefühl des
völligen Ausgeliefertseins erlebt. Der Träumer
oder die Träumerin haben den Eindruck, vor einer
Situation zu stehen, der er/sie nicht entrinnen
kann, die nicht zu ändern ist, wo der eigene Wille
nicht mehr zählt. Eine Analysandin drückte es einmal so aus: «Man braucht Demut dazu, sich etwas
ganz zu widmen. Der Wille, alles selber mit dem
Ich steuern und kontrollieren zu wollen, muß auf-
gegeben werden.»

Träume, die dieses Ausgeliefertsein und nicht Ent-
rinnen-Können anzeigen, werden oft am Anfang
einer Analyse geträumt. Motive wie: man muß ins
Gefängnis, ins Konzentrationslager, sind häufig.
Es ist so, als ob tiefste Introversion und Verzicht
auf Äußerlichkeiten dann von der Seele gefordert
werden. Ein Mann träumte vor Analysebeginn
«Ich muß in ein Konzentrationslager. Dort muß ich
sechs Jahre bleiben.» Ein anderer träumte kurz
nach Behandlungsbeginn folgendes:

*Es war ihm gelungen, aus einer Kerkerstadt zu
flüchten. Als er sich von ihr entfernte, um einem hellen Ziel entgegenzugehen, begegnete er seinem*

Führhund. Dieser packte ihn und zerrte ihn und be-
deutete ihm, daß er in die Kerkerstadt zurückkehren
müsse. Eine Stimme sagte ihm, daß er in den
Mauern dieser Stadt ausharren müsse, bis sich diese
von selber öffne, ohne daß er zu flüchten brauche.
Und die Stimme bedeutete ihm weiter, daß er nur
dort überleben könne.

Diese Träume zeigen den Träumern eindringlich,
daß man nur dort überleben könne, wo man sich
seelisch auf engstem Raum reduzieren und einrich-
ten muß – dort findet man zu sich selbst. Der eine
Träumer war enttäuscht, das lichte Ziel, das er
schon vor sich sah, für einen Aufenthalt im Kerker
aufgeben zu müssen. Er hatte aber durchaus kein
schlechtes Gefühl nach diesem Traum, und das
hing mit dem Führhund zusammen: wenn im Unbewußten die Verbindung zu einem Tier dargestellt wird, so löst dies meist ein Gefühl innerer
Sicherheit aus, denn das Tier stellt ein Stück Natur,
ein Wissen dar, das wir im Bewußtsein meist nicht
kennen, denn Tiere sind imstande, ohne Reflexion
das «Richtige» zu tun. Der Hund wußte, wo der
Ort des Überlebens für den Träumer ist.

Träume wie diese wirken unseren Größenphanta-
sien entgegen, den Phantasien, daß alles machbar
ist, nichts unmöglich, daß jedes Ziel, besonders,
wenn es ein so «hohes» ist, in gradlinigem Fort-
schritt erreicht werden kann. Hier erleben wir

dann plötzlich, daß das nicht so ist und daß es dann nichts anderes mehr gibt, als in Geduld an einem unscheinbaren Ort abzuwarten, ohne zu wissen, was zu tun ist und was kommen wird. Solche Träume führen uns an die Stelle unserer größten Ängste und verhindern, daß wir weiterhin in alten überholten Lebensmustern wie bisher verharren. Sie machen uns Mut, uns in Geduld auf Neues einzustellen.

Jede wichtige seelische Veränderung wird meist zunächst als etwas Vergewaltigendes erfahren. Das Zwingende, daß man da verspürt, ist der Drang, sich selbst zu verwirklichen.

Der Weg in die Unterwelt –
Gegenbewegung zum Alltag

> . . . der Individuationsprozeß der Seele
> bewegt sich auf die Unterwelt zu.
>
> *James Hillman*

Das Streben der Seele nach Unterweltserfahrung ist eine moderne Form der Gottessuche. Früher führte diese hinauf in die lichten Höhen, hin, wo das Väterliche im Himmel nach alter Tradition wohnt. Jetzt ist es ein Weg nach unten in die Dunkelheit, in die Tiefe, wo das Weibliche die Führung hat (vgl. Kassel, Das Auge im Bauch). In der christlichen Tradition wurde die Unterwelt, das Dunkle, nicht nur mit dem Teufel und der Hölle, sondern auch mit dem Weiblichen zusammengebracht. Die «Mütter», Hexen, Nymphen, die dunkle Göttin, sie alle wohnen in der Tiefe. Der Weg hinunter wird in bezwingenden Bildern dargestellt, denn jede Trennung vom Alten, Bekannten hat etwas Grausames, weil Endgültiges. Die Erstarrung und Energielosigkeit, in der man vielleicht so lange gelebt hat, war einem vertraut, und sie zu verlassen kostet viel. Die Reise in die Unterwelt, der Abstieg, der oft durch einen Gang, durch einen Tunnel in einen Bauch oder Schoß, in einen dunklen Berg oder Baum stattfindet, setzt uns Erschütterungen aus und führt uns zu unseren ursprünglichsten und tiefsten Wunden (Perera, engl. S. 50, dt. S. 75).

Der Abstieg bedeutet sowohl Opfer und Leiden als auch Erneuerung. Der Mythos von Persephone beispielsweise, die von dem Unterweltgott Hades vergewaltigt wurde, weggerissen von ihrer liebenden Mutter Demeter, zeugt von dieser Art Opfer und Erneuerung. Persephone ahnte zunächst noch nichts, sondern pflückte Narzissen auf einer Wiese. Plötzlich kam Hades und raubte sie, brachte sie in sein Reich und machte sie da zu seiner Frau. Erst durch die Trennung von der Mutter, welche in diesem Fall ein Erwachsenwerden weg vom mütterlichen Behütetsein bedeutet – erst durch diese Trennung wurde sie zur Königin der Unterwelt.

Vor der Notwendigkeit, einen neuen Weg einzuschlagen, stand auch Nana, eine junge Ärztin, die an einem Wendepunkt in ihrem Leben angelangt zu sein schien. Sie hatte eine neue Stelle angetreten, die sie wegführte aus dem rein medizinischen in ein psychosomatisches Arbeitsgebiet, das ihr sehr lag, da sie Analytikerin werden wollte. Doch sie hatte große Angst vor diesem Schritt, weil das medizinisch-technische Wissen für sie leichter schien als die Kenntnis der menschlichen Seele. Dazu kam auch, daß sie eine psychoanalytische Richtung gewählt hatte, die nicht die «normale», «angepaßte», «angesehene» war. Sie liebte diese Richtung und fühlte sich ihr verbunden. Aber unter Kollegen und in der Welt überhaupt bezog sie dadurch eine Außenseiterinnenposition, und dagegen wehrte sich Nana mit Händen und Füßen. Sie war hin- und hergerissen zwischen ihrem inneren Gefühl, das Richtige gewählt zu haben, und der Ablehnung, die sie dadurch zu spüren bekam. Sie befürchtete, ins Abseits zu geraten, nicht die nötige Anerkennung zu erhalten. Da ihr der Verzicht, vom Kollektiv der Ärzteschaft angenommen zu werden, sehr schwer fiel, verleugnete sie zunächst die psychoanalytische Richtung, die sie einschlagen wollte und ja bereits eingeschlagen hatte, vor den Kollegen und kam dadurch in einen heftigen Gefühlskonflikt. Da träumte sie:

Ich fühle mich bedroht und verfolgt. Überall, wo ich mich bewege, auf der Straße, im Kaufhaus, sagen mir die Menschen, daß es nun bald soweit wäre, daß ich in das «Andere Land» müßte, unausweichlich. Das Land steht in erster Linie für Einsamkeit. Ich will jedoch nicht hinüberwechseln, versuche immer wieder, es hinauszuzögern. Aber der Kreis wird immer enger, die Bedrohung immer größer. Es gibt kein Entrinnen mehr. Ich habe Todesangst, meine

Kehle ist wie zugeschnürt. Und dann schließlich sehe ich das «Andere Land»... Ich sehe wie aus der Ferne Blätter, die sich spielerisch im Wind bewegen und sich aus weiter Ferne auf mich zubewegen. Für mich ist klar, wenn sie mich berühren, bin ich verloren – und sie bewegen sich auf mich zu, unausweichlich...

Plötzlich gibt es eine Explosion, und ich bin in dem «Anderen Land». Da ist es ruhig und schön, die Sonne scheint. Und es gibt keine Autos und kein Fernsehen.

«Das Schöne an dem Traum war», meinte Nana, «daß ich mich zuerst so dagegen sträubte, in dieses Land zu gehen, daß ich aber am Schluß das Gefühl hatte, doch freiwillig hingegangen zu sein. Dieses andere Land steht für Einsamkeit, Ruhe, Geborgenheit, fern ab von jeglicher Zivilisation in der Natur zu sein. Ich habe aber Angst vor der Einsamkeit und mich jetzt mit dem zu befassen, *was ich tun muß,* mit der Psychologie, denn ich habe Angst, darin zu versinken.»

«Die Blätter haben etwas Beschwingtes, Lebendiges», phantasierte sie weiter. «Ich könnte mich von ihnen hinübertragen lassen, hinüberschweben, und statt dessen sehe ich in ihnen eine Bedrohung, und es kommt schließlich zu einem Knall. Ja, es kostet mich sehr viel Energie, bis ich endlich begreife, was notwendig ist, was wichtig ist und vor allen

Dingen, *was gut für mich ist.* Im Traum war es wie eine Erleuchtung: es war nämlich nicht nur ein Knall, sondern es waren auch Lichtblitze zu sehen, ein Feuerwerk! Und dann hat es schließlich ‹gefunkt› – ich bin in dem anderen Land und finde es dort schön! Kornfelder, Blumen, es wächst etwas, Fruchtbarkeit. Es ist auch eine Asphaltstraße da, das heißt, daß es eine Verbindungslinie zu meiner alten zivilisierten Welt gibt. Warum auch nicht?»

Beeindruckend ist, wie die Anderweltlichkeit von der Träumerin erfahren wurde. Dieses andere Land stellt eine innere Gegenbewegung zu ihrem hektischen Alltag dar, zu dem Wunsch, Leistungen zu erbringen und dafür geliebt und anerkannt zu werden. Hier in diesem anderen Land haben wir es mit Phänomenen zu tun, die nicht äußerlich greifbar und technisch zu handhaben sind. Es fiel Nana so schwer, dahin zu gehen, weil das Land das darstellt, was sie bisher peinlichst vermieden hatte, nämlich definitive Entscheidungen. Im Traum steht die Unfreiwilligkeit des Ganges im Mittelpunkt. Es heißt «ich soll» in ein anderes Land, nicht «ich will». Das ist so, weil die Träumerin generell ungern eine Entscheidung fällt. Nach Manier des «ewigen Mädchens» hält sie sich immer gern mehr als einen Weg offen – wie Persephone pflückt sie gerne unbekümmert Blumen, hier und da. Es fällt ihr sehr schwer, sich festzulegen.

Wichtig sind jetzt nicht mehr Technik und Können, sondern etwas ganz Einfaches: sich von einem Stück Natur, von den Blättern eines Baumes berühren zu lassen. Der Baum, hier als Symbol des Lebens, das Spielerische der Blätter, zeugt von Naturnahem, Lebendigem. Ein anderer Aspekt des Baumes, der hier gemeint ist, ist der der totalen Unabhängigkeit und des Verwurzeltseins. Die Standhaftigkeit des Baumes, dieses ganz bei sich sein, sind Eigenschaften, die die Träumerin durch die Berührung der Blätter erleben kann und die sie gut vor ihren Ängsten schützen (vgl. hierzu: Hark, Traumbild Baum).

Radio und Fernsehen, welche es im neuen Land nicht gibt, stehen hier für das Hören auf äußere Stimmen, für die Anpassung an andere (Kollegen, fremde Meinungen) und das Weggehen von den eigenen Gefühlen. Aber aus den Einfällen der Träumerin wird deutlich, daß sie durch diesen Traum ihre innere Stimme wahrgenommen hat und auch bereit ist, ihr zu folgen.

Dieser Traum bedeutet nicht, daß sie sich von ihrer Kultur und ihren Wurzeln völlig trennt. Die Asphaltstraße, die auch in der neuen Welt verläuft, ist ein Symbol der notwendigen Verbindung der beiden Welten.

Wir werden gerufen

Jeder Traum stellt eine Übung
der Seele dar,
in die Unterwelt einzutreten,
eine Vorbereitung auf den Tod hin.

James Hillmann

Es gibt Botschaften aus der Unterwelt, die uns erschrecken, die uns an Grenzen stoßen lassen und uns eine Tiefe offenbaren, die sich unser Tagweltbewußtsein nicht hat träumen lassen. Sie stellen uns oft vor Aufgaben, die wir nicht gleich als notwendig anerkennen, die uns unheimlich sind und Angst einflößen. Dazu der Traum eines Mannes, Josef, der den Drang und Wunsch in sich fühlte, etwas zu schreiben, der auch etwas zu sagen hatte, seine Freizeit aber zu sehr mit Betriebsamkeit und Flucht in äußerliche Aktivitäten verbrachte. Er träumte dann:
Ich wache auf mitten in der Nacht. Ängstlich, weil sich draußen auf dem Flur jemand herumtreibt. Ich drohe dem Unbekannten mit erhobenen Fäusten. Ich versuche wieder einzuschlafen, was nicht gelingt. Kissen und Bettdecke sind ungewöhnlich dick

und stören mich. Als ich die Stehlampe anknipsen
will, flackert die Birne noch kurz und geht dann aus.
Ich stehe auf, um eine neue Birne einzuschrauben.
Als ich die Tür zum Arbeitszimmer und Wohnzim-
mer aufmachte, sehe ich, daß beide Räume regel-
recht verwüstet sind, alles liegt durcheinander wie
nach einer rücksichtslos durchgeführten Haus-
durchsuchung. Mittendrin liegt ein großer Hund mit
braun-schwarzem Fell, der dürre Baumäste zer-
beißt und sich an einer kleinblättrigen Pflanze (wie
sie auf Friedhöfen sind) zu schaffen macht. Der
Hund kommt sofort auf mich zu. Ich fürchte mich
vor ihm, bewahre Fassung, überlege, daß es das ein-
fachste ist, ihn nach draußen zu lassen. Ich öffne die
Tür. Er denkt gar nicht daran zu gehen! Knurrt
mich statt dessen gefährlich an. Mir wird nun klar,
daß ich das Tier nicht mehr loswerde. Verhalte mich
vorsichtig, weil ich das Gefühl habe, daß eine fal-
sche Bewegung von mir mörderische Instinkte in
ihm auslösen könnte. Trotzdem lege ich kurz darauf
meinen Unterarm, der mir seltsam dünn erscheint,
in das Maul des Tieres. Unter großer innerer An-
spannung verspüre ich den Druck der starken schar-
fen Zähne; bin mir aber sicher, daß er nicht richtig
zubeißen wird.

Josef war aufgewühlt, als er mir den Traum erzählte. Er kommentierte ihn so: «Im Traum denke
ich, das Geräusch kommt von Dämonen oder Ge-

spenstern, und ich möchte ihnen drohen. Es war wie im Horrorfilm, als die Birne plötzlich ausging. Ich war in Panik. Das Gefühl des Ausgeliefertseins war das Wichtigste. Der Hund war sehr groß, wie einer aus der Unterwelt. Zuerst dachte ich, ich werde ihn los, aber dann wurde mir schlagartig klar: ich kriege ihn nicht raus, ich bin ihm ausgeliefert. Er läuft, dreht sich um, kommt zurück; es war Vertrauenssache, daß er nicht zubeißen wird. Aber ich bin drin, ich bin sein Gefangener. Er ist kein böses Tier, aber auch kein Tier zum Streicheln, er hatte etwas Unerbittliches! Alles geschah ohne Worte, aber es hatte alles eine Direktheit, so daß es keine Zweifel gab, keinerlei Mißverständnis. Ich hatte die absolute Gewißheit: er ist da, er will was von mir, er hat auf mich gewartet. Die zypressenartigen Hölzer zerkleinerte er mühsam, es war eine harte Arbeit. Er war sehr konzentriert. Als ich ins Zimmer kam, hatte er schon mit der Arbeit begonnen.»

Die Unheimlichkeit, die Horrorfilmatmosphäre, das Aufflackern und Ausgehen der Birne, die Ahnung des Träumers, daß es sich um einen Gespensterhund handelt, und die Unausweichlichkeit verlegt für uns das Arbeits-Wohnzimmer des Träumers in die Unterwelt. Der Hund ist hier ein unterweltlicher Bote, der gar nicht daran denkt, sich wieder vertreiben zu lassen, sondern sich einnistet und bereits mit seiner Arbeit auf intensive und hingebungsvolle Weise begonnen hat.

Es gibt alte Sagen, wonach Hunde die Fähigkeit haben, Gespenster zu sehen. Sie sind mit der Totenwelt überhaupt aufs engste verbunden. Kerberos, der dreiköpfige Wächter der Unterwelt, ist auch ein Hund. Und es gibt Sagen, wonach ein Hund mit einer glühenden Kette am Helloch erscheint, eine Stelle, die sich durch ihren Namen als Eingang zur Unterwelt ausweist (Herzog, S. 53).

Der Hund ist jedoch nicht nur mit dem Tod, sondern auch mit dem Leben verbunden: der griechischen Götting Eileithyia, der Geburtshelferin, wurden Hundeopfer dargebracht. Geburt und Vernichtung, Leben und Tod sind im Symbol des Hundes eng miteinander verknüpft.

Dieser Konflikt zwischen Tod und Leben spielt sich auch in der Seele des Träumers ab: nämlich Altes hinter sich lassen zu müssen, damit er seiner Gabe, Erlebtes durch Schreiben künstlerisch zu gestalten, folgen kann. Was bedeutet es, daß Josef den Hund zuerst loswerden will und sich dann nicht nur damit abfinden muß, daß er bleibt, sondern sogar seinen Arm in sein Maul legt, um die Schärfe seiner Zähne zu spüren? Es war so, daß der Träumer gehofft hatte, noch einmal anders davonzukommen, sich noch einmal in Extraversion und äußere Betriebsamkeit flüchten zu können, um mit dem Schreiben nicht beginnen zu müssen. Aber der Hund ist schon an der Arbeit – und so bleibt Josef gar nichts anderes übrig als es ihm gleich zu tun. Indem er sich den scharfen Zähnen des Hundes aussetzt, zeigt Josef seine Bereitschaft, die Kräfte des unterweltlichen Boten im eigenen Fleisch zu spüren und auch anzunehmen. Dieser Hund ist gekommen, um es Josef zu erleichtern, sich von alten Lebensgewohnheiten zu trennen und sich dem eigenen Inneren zuzuwenden. Die harte Arbeit des Hundes, der die Hölzer zerkleinert, weist auch darauf hin, daß er sich sehr wird konzentrieren müssen und sich mit ganzer Hingabe ausliefern muß. Es wird eine Hundearbeit werden!

Wenn ein Unterweltstier oder Bote sich nach Speise sehnt, bedeutet es, daß der Träumer die Unterwelt und ihre Gestalten zu sehr vernachlässigt hat. Der Hund benagt ein trockenes Holz. Er nimmt eine Totenspeise zu sich (Zypressen, wie sie auf Friedhöfen stehen). Wichtig in diesem Traum ist, daß er sie nicht frißt, sondern eigentlich mehr benagt, bearbeitet. Er macht also dem Träumer vor, wie man Dinge mit Leidenschaft und Hingabe bearbeitet. Es ist genau das, was Josef nicht tat, worum er sich bisher immer gedrückt hatte.

Dieser Traum hatte eine einschlagende Wirkung. Danach konnte Josef das schon längst gesammelte Material bearbeiten und niederschreiben.

Der Drang zum Kreativen und zum Neuen ist – wie wir sehen – oft mit aufrüttelnden Bildern verbunden. Man streift Altes nur zögernd und ungern ab und sehnt sich doch danach zurück. «Tritt eine Wandlung ein, so verliert die frühe Form ihre Anziehungskraft keineswegs: wer sich von der Mutter trennt, sehnt sich nach ihr zurück» schreibt Jung (Symbole der Wandlung, S. 400). Josef mußte sich auch von der Mutter als Komplexfigur trennen, das heißt von alten Bequemlichkeiten und Verwöhnungssituationen. Das zu schwer gewordene Federbett im Traum weist auf diesen verwöhnenden, aber nicht mehr «tragbaren» Mutterkomplex hin.

Ein ähnliches Problem hatte ein anderer junger Mann, Ben. Er konnte sich mit seinem Vater nie identifizieren und hatte es deshalb sehr schwer, seine Männlichkeit zu entwickeln. Der Mut, sich in der Außenwelt zu bewähren, fehlte ihm, denn immer wieder, wenn es zum Beispiel darum ging, Arbeit anzunehmen, wurde er von panischer Angst befallen, den gestellten Aufgaben technisch oder manuell nicht gewachsen zu sein. Auch er mußte weg vom Urbild der versorgenden Mutter, um selbständiger und weniger passiv zu werden. Menschen, die dem verwöhnenden Mutterbild verfallen sind, können meist nicht durchsetzungsfähig für ihre eigenen Belange eintreten. So war es auch bei Ben.

Aber nun träumte er, daß er zum Militär eingezogen wurde und im Kampfanzug ratlos dastand. Er sah, wie seine Kameraden brutal mißhandelt und geschunden wurden. Alle, auch er, mußten zu folterähnlichen Übungen antreten, die unter anderem darin bestanden, gegen die Strömung eines eisigen Sturzbaches einen Felsen zu erklimmen, um zu einer unterirdischen Höhle zu gelangen. Er absolvierte diese Übung und kam mit blutig zerrissenen Händen auf der anderen Seite an.

Plötzlich entdeckte ich im klaren Wasser neben einem Ertrunkenen einen merkwürdigen Menschenschädel, der aus grauer Vorzeit zu stammen scheint.

Dann werde ich zur Wolfsjagd eingesetzt. Ein Rudel Wölfe ist in den Landstrich eingefallen und hetzt alles Vieh der Umgebung zu Tode ... Plötzlich trottet ein Wolf auf mich zu. Doch bemächtigt sich meiner nicht Angst, sondern tiefe Sympathie. Ich sehe, daß er ein Geschwür am Hals hat und unheilbar krank ist. Der Wolf überreicht mir eine Botschaft: Auch das längste Leben ist zu kurz ... und er bietet sich mir als Führhund an ... Zunächst leitet er mich zu einer Wegkreuzung, an der mir eine junge Frau einen Schädel übergibt ... Schließlich geleitet mich der Wolf in mein Elternhaus. Ich will ihn dort pflegen. Als ich in einen Apfel beißen will, fällt mir ein, daß ich ihn erst waschen müßte, da ich zuvor den

Wolf angefaßt hatte. Doch ich beiße aus Solidarität mit ihm dennoch hinein.

Dieser Traum stellt einen Abschied von der Kindheit, eine Initiation und Einweihung in die Männerwelt dar, bei der es um Leben und Tod geht. Das brutale Mißhandelt- und Geschundensein gehört zu den typischen Einweihungsritualen, welche auch im Schamanismus praktiziert wurden und eine Unterweisung in das Wissen der Unterwelt darstellen.

Ben war besonders fasziniert von dem Menschenschädel, den er fand. Er betrachtete diesen als ein *memento mori,* als eine Erinnerung, daß er sterblich sei, und meinte, bisher habe er immer so gelebt, als ob er unsterblich wäre. Das Auffinden des Schädels im Augenblick der Initiation in die Erwachsenenwelt will besagen: Du bist auch nur ein Mensch, du bist sterblich und du gehörst zu der Kette, der langen Reihe von Menschen, die alle dem gleichen Schicksal unterliegen, nämlich geboren werden, leben und sterben.

Nachdem die Einführung in die Männerwelt vollzogen ist, steht ihm eine neue Aufgabe bevor: er wird zur Wolfsjagd eingesetzt, und während er sich dieser Aufgabe stellt, bietet sich ihm einer der Wölfe als Führhund an. Als er tiefe Sympathie für den Wolf bekundet und ihm dessen Krankheit, das Geschwür am Hals, deutlich wird, überreicht ihm der Wolf die Botschaft: «Auch das längste Leben ist zu kurz.»

Die Krankheit des Wolfes, das Geschwür am Hals, hängt mit der Botschaft, die er überbringt, zusammen, nämlich die der Sterblichkeit: der Tod ist ein ewiges und unheilbares Geschwür für uns Menschen. Seine Botschaft, «auch das längste Leben ist zu kurz», ist aufs innigste verknüpft mit der jungen Frau, die an einer Wegkreuzung Ben einen Schädel übergibt. Auch da wieder das *memento mori,* die Aufforderung zu erkennen, daß man sterblich ist. Diesmal ist es eine junge Frau, die die Boschaft überbringt. Ben hatte bisher seine Seele, die Anima (hier als junge Frau dargestellt), zutiefst vernachlässigt. Seine Gefühle, sowohl zärtliche wie auch zornige, wütende, ungeduldige konnte er immer nur in sich erleben, aber er blieb sie anderen schuldig – er äußerte sie nicht. Er blieb stumm, sprachlos. So machte er sich also immerfort eines Versäumnisses schuldig anderen gegenüber. Dieser Traumteil weist ihn darauf hin, daß die Zeit rinnt und daß er sich entscheiden muß (Wegkreuzung), ein Mensch zu werden mit all seinen Freuden, Leiden und Qualen.

Warum ist es gerade ein Wolf, der zum Führer wird? Wir kennen den Wolf als Todesdämon in vielen Märchen. Zum Beispiel in «Rotkäppchen», «Der Wolf und die sieben Geißlein», wo er das

Verschlingende, das Tödliche, das von der Mutter kommt, darstellt. Er hat aber auch einen männlichen Aspekt, und als dieser erscheint er hier. Der Wolf ist aggressiv, ein Tier des Gottes Mars, und als solcher stellt er ein Wandlungssymbol dar. (Näheres kann bei Jung nachgelesen werden: Paracelsus.) Wir wissen bereits, daß der Träumer sich nie mit dem Männlichen identifizieren konnte. Nun erscheint der Wolf als männliches aggressives Tier, das ihn führt, das heißt, das ihn nach der Aufnahme in die Männerwelt begleiten kann. Nach diesem Traum wurde Ben langsam durchsetzungsfähiger, mutiger und eher bereit, sich zu exponieren und für seine Belange tatkräftiger einzutreten.

Bei beiden Träumern, Josef und Ben, handelt es sich um Männer, die dem Urbild der versorgenden Mutter verfallen waren und in ihrem Prozeß an einem Punkt angelangt waren, wo sie dieses Lebensmuster nicht mehr weiterführte. Eine Wandlung war angezeigt – der Gang in die Unterwelt mußte beginnen. In beiden Träumen war es ein Tier, das die Botschaft übermittelte. Das heißt, daß eine lebendige Kraft in diesen beiden Männern erweckt wurde, die Tierseele, die eins ist mit der Natur und sich nicht gegen sie stellt, sondern eingebettet in ihren Gesetzen lebt. Ein Prozeß, zunächst finster, angstvoll, prüfend, beginnt die Träumer zu erfassen. Zuerst sind sie zögernd und hilflos, voller Angst, bis sich unerwartet im Traum eine Lösung abzeichnet. Sie wissen dann plötzlich: Ja, das ist mein Schicksal, das ist jetzt meine Aufgabe, da kann ich nicht mehr ausweichen. Dieses Gerufen-Werden ist oft etwas Schreckliches, weil es an die Wurzeln unserer Existenz rührt.

Wenn wir Träume haben, die uns erschrecken wie diese beiden, dann ist es wichtig, daß wir nicht mit Ablehnung reagieren («Ach, ich hab' einen so schrecklichen Traum gehabt!»), weil wir sonst die Kraft, die von ihm ausgeht und die uns durch unsere Wirrnisse auf wunderbare Weise führen kann, mißachten. Ich glaube, es ist sehr wichtig, daß wir das, was uns fern ist, nahe an uns herankommen lassen, während wir uns von dem, was uns nahe und vertraut erscheint, lösen sollten. So wie sich Ben im Traum vertrauensvoll mit der Krankheit des Wolfes solidarisiert, so ist es wichtig für uns, Vertrauen zu haben, daß die Träume, die wir träumen, «richtig» für uns sind. In beiden Träumen ist das Wichtigste und Hervorstechendste, daß der Träumer das Tier und die Botschaft zum Schluß liebend annimmt. «Und auch ich kann lieben, was mich ängstet», schrieb Hofmannsthal.

Die Unterwelt belebt

Jung pflegte zu sagen,
daß wir nicht Komplexe haben,
sondern sie haben uns.
So ist es auch mit den Träumen,
wir haben sie nicht, sie haben uns.

Russell Lockhart

Wir haben die Unterwelt bisher kennengelernt als einen dunklen Ort, der Angst macht, der einen festhält, oft zu unserem eigenen Wohle und gegen unser besseres Tageswissen. Durch Aussendung eines Boten hat sich diese Nachtwelt bemerkbar gemacht. Wir sind gepackt worden von ihr oder geführt mit unzweideutiger Macht. Wir haben sie kennengelernt als Ort, wo man sich aufhalten kann, wo das Schicksal gesponnen wird oder ein Kind versinkt. Es wurde deutlich, daß die Unterwelt uns etwas lehrt, was das Leben der Oberwelt uns nicht vermitteln kann.

Diese totale Hinwendung zur Seele bewirkt auch eine Befreiung der Phantasie, eine Belebung der inneren Bilderwelt. Viele Menschen sagen: «Ich habe einfach keine Phantasie», «Es ist Phantasiearmut bei mir!», «Mir fällt nichts ein!» Das stimmt meist *so nicht.* Jeder Mensch hat Phantasie, sie ist nur nicht bei allen gleichermaßen entwickelt. Heute ist sie fast etwas Unerlaubtes geworden, das nur beim Kind bewundert und gefördert wird. Im Erwachsenenalter allerdings wird sie allerhöchstens noch dem Künstler, dem Dichter oder dem Maler zugebilligt. Sonst aber ist Phantasie-Haben zutiefst suspekt, und man wird dann ganz schnell zum Phantasten oder zum Spinner gestempelt, der in einer Phantasiewelt lebt, und das verheißt nichts Gutes. Die einseitige Betonung von Wille und Vernunft in unserer Kultur hat Phantasie und Imagination vertrieben, ja, hat sie einzig dem Kind und dem Künstler überlassen (vgl. Hillman, «Loose Ends», S. 5–49). Das heldische Denken, das ich zu Anfang beschrieben habe, ist zu sehr beschäftigt mit Spezialisierung und Erfolg.

Die Devisen «Alles ist machbar», «Alles muß sicher und überschaubar sein», «Man muß auf Nummer sicher gehen» – all dies sind Feinde der Phantasietätigkeit, denn diese führt uns in Bereiche, die nicht kontrollierbar sind, wo das Sicherheitsdenken keinen Platz hat. In den Träumen von Tod und Unterwelt lösen sich Gegensätze, die wir in der Tagwelt spüren, nämlich Konkret-Reales und Imagination, Traum und Wirklichkeit für einen kurzen Moment auf. Auch diese Tatsache bringt der Seele die von Skorates erwähnte Befriedigung – das wohltuende Wissen von Hades.

Oft sind Leben und Traum einen Moment lang nicht zu unterscheiden. Dazu möchte ich den Traum einer Frau bringen. Vorauszuschicken ist, daß die Träumerin, Mizzi, sich allein in einer Alphütte in den Bergen befand. Am Tage vor ihrer Abreise sagte eine Freundin scherzhaft zu ihr: «Gib nur acht, wenn du da oben bist, laß dir nicht die ‹sälig Lüt› begegnen.» Sie meinte damit die in der Schweiz so benannte «Wilde Jagd» oder das «Wilde Heer» Wotans. Mizzi ging den ersten Abend in dem Maiensässli früh zu Bett. Es war eine wunderschöne mondhelle Nacht, sternenklar, lautlos, nur das Rauschen der Tannen und des Wildbaches war zu hören. Damit schlief sie ein. In der Nacht hatte sie folgenden Traum, oder war es kein Traum, sondern real gewesen? Mizzi weiß es bis heute nicht. Aber sie erzählte mir:

Ich erwachte durch einen wahnsinnigen Lärm. Ich setzte mich im Bett auf und sah den Mond ins Zimmer hereinleuchten. Das Lärmen und Tosen kam immer näher. Es kam von oben, vom Berg her. Ein Geraune, Gewisper, ein Schreien aber auch Klänge von Musik, Pauken, vielleicht auch Flöten und Instrumente, die ich nicht kannte und unterscheiden konnte. Plötzlich hob ein Brausen an. Ich sah einen Zug von Leuten den Berg herunterkommen. Das

Brausen wurde immer stärker. Die Hütte, in der ich mich befand, wurde erschüttert, wackelte. Das ganze Heer dieser merkwürdigen Leute, dieser ganze Zug, raste durch meine Hütte hindurch und verschwand dann plötzlich unten, ich weiß nicht, ob im Tal oder im Boden. Plötzlich war alles wie ein Spuk vorbei. Ich erinnerte mich, nicht wach geworden zu sein, ich war schon wach und absolut überzeugt, daß es kein Traum, sondern ein wirkliches Erlebnis gewesen war.

«Danach konnte ich nicht mehr einschlafen», berichtete sie, «und ich dachte an den Ausspruch meiner Freundin: ‹Hoffentlich begegnen dir nicht die ‚sälig Lüt‘ da oben.› Nun waren sie gekommen. Was bedeutete das? War es ein Traum, war es Wirklichkeit? Das Erlebnis begleitete mich lange. Ich war mitgerissen. Ich wäre gerne mitgezogen in dem Zug, aber es ging alles viel zu schnell. Und sie verschwanden so spurlos in der Erde, im Dunkel, im Tal? Plötzlich war alles weg, wie vom Erdboden verschluckt! Es ist das Totenvolk von Wotans wildem Heer, das da herangezogen und herangebraust ist. Es hatte gar nichts Bedrohliches – die Musik war lustig, aufrührerisch, zauberisch, dunkel, mitreißend. Ich verstand plötzlich, daß die Unterweltlichen etwas Aufrührerisches haben und daß der Tod in uns tobt schon vom ersten Atemzug an. Und wenn wir uns mitreißen lassen, sind wir gerettet!»

Der Träumerin war tatsächlich die «Wilde Jagd» begegnet. In der Schweiz und auch in Deutschland geht die Sage, daß Wotan mit seinem «wilden Heer», das aus verstorbenen Seelen besteht, noch heute durch die Alpen braust. «In unzähligen Sagen über nächtliche Geister und Totenzüge wird von Musik berichtet, die dabei gehört wird» (Isler, S. 190). Gegenstand vieler Sagen, besonders dieser, ist «die Auseinandersetzung mit dem Außerordentlichen, dem ganz anderen, dem Jenseitigen» (Isler, S. 2).

Mizzi war zur Zeit dieses Traumes an einer Wende in ihrem Leben angekommen. Alles deutete darauf hin, daß sie ihre bisherigen Tätigkeiten, die ihr Ansehen eingebracht hatten, aufgeben mußte, um statt dessen zu schreiben. Der Aufenthalt im Maiensässli sollte der Beginn ihrer schriftstellerischen Tätigkeit werden. Sie war zwar immer nahe dem Feuer ihrer schöpferischen Kraft gewesen, konnte aber ihre Ideen nicht zu Papier bringen. Oft dachte sie an ihre Großmutter, die künstlerisch sehr begabt gewesen war, und wollte es ihr gleichtun, aber immer hielt sie etwas zurück. Vor allem die frühen, sehr zerstörerischen Kindheitserlebnisse mit ihrem geliebten Vater. Im Lichte dieser letzteren Erinnerungen kam sie sich immer, wenn sie kreativ werden wollte, klein und unfähig vor.

Diesen Traum verstanden wir beide, sie und ich,

als einen Aufruf, sich dem Anderweltlichen auszusetzen, dem Sturm allen Ecken der Seele Eintritt zu gewähren, sich im buchstäblichen Sinne aus einer Lethargie wachrütteln zu lassen und sich berühren zu lassen von dem, was die Ahnen Schöpferisches hervorgebracht oder auch versäumt hatten. Eine zwingende Kraft, die lange in der Verbannung dahingesiecht hatte, war jetzt mobilisiert worden. Das Erscheinen des «Nachtvolkes», der «Ahnen» in der Hütte der Träumerin konnte sie an Verschüttetes aus der Vergangenheit anschließen: sowohl an die Begabung der Großmutter wie auch an das traumatische Erleben mit ihrem Vater. Wotan ist ja ein Vatergott, Urbild sowohl für eine destruktive wie auch für eine schöpferische Macht. Er war der verheerende Sturmgott und auch derjenige, der die Weisheit der Runen besaß und dem die beiden Raben Hugin und Munin hellseherische Qualitäten verliehen. Das Heer kam vom Berg und verschwand im Untergrund, im Tal oder in der Erde. Der Berg ist auch ein Ort der Unterwelt. Man denke an Frau Holle oder Frau Venus, die im Berge wohnen.

Das Verschwinden des Nachtvolkes im Tal oder in der Erde weist darauf hin, daß die emotionale Erschütterung, die der Träumerin begegnete und noch bevorstand, höchstwahrscheinlich nicht mit äußeren Ereignissen in Zusammenhang steht, sondern ein inneres emotionales Ergriffensein beinhaltet. Von besonderer Bedeutung ist es, daß der Traum wie ein Wachzustand erlebt wurde, es überhaupt unsicher ist, ob das Erlebnis nicht vielleicht *wirklich* dem Wachbewußtsein angehört hat. Die Einsamkeit der Alphütte ist seit jeher prädestiniert für solche Träume und Phantasmen (vgl. Isler).

Jung, der in Bollingen ein ähnliches Erlebnis mit einem Zug von Leuten, der von Musik und Lachen begleitet war, hatte, schreibt: «Natürlich fragte ich mich, was es heiße, daß ein Traum dermaßen auf seiner Wirklichkeit und dem Wachsein insistierte. Das kommt sonst nur bei Spuk vor. Wachsein heißt Wirklichkeit wahrnehmen. Der Traum stellt also eine der Wirklichkeit äquivalente Situation dar, in der er eine Art von Erwachtsein schafft. Diese Art Traum verrät im Gegensatz zu den gewöhnlichen Träumen die Tendenz des Unbewußten, dem Träumer einen ausgesprochenen Wirklichkeitseindruck zu vermitteln . . .» (Erinnerungen, S. 233).

In manchen Unterweltsträumen kommen Gefühle zum Durchbruch, die bei der Träumerin oder dem Träumer höchstens Staunen und Entzücken hervorrufen. Ein Staunen über die Fülle des Erlebens, das geradezu kosmische Glücksgefühle erzeugt. Dazu der Traum einer jüngeren Frau – Nora –, die bisher immer zu sanft, zu freundlich gelebt hatte und mit anderen umgegangen war.

Ich falle in eine neue Welt – es war die Untere Welt. Der Himmel war gleichzeitig Wasser, Meer, türkis, gläsern und wirkte wie eine riesige Kuppel über der Landschaft. Die Landschaft war unheimlich schön: saftiges Gras, hell, grün, blau, türkis. M. ist da, er empfängt und führt mich hinter ein Gebüsch. Da treffe ich einen Widder, der ist voller Lebensfreude! Er ist ein Geschenk für mich. Ich bin glücklich, ich fühle eine Innigkeit und Verbundenheit mit ihm. Ich spiele mit ihm, als wäre ich auch ein Widder: wir sind Geschwister. – Hinter dem Busch ist ein See wie das Meer, der ist von unglaublicher Schönheit. Er leuchtet, als würde er selbst Licht abgeben – aus der Tiefe leuchtet er endlos wie das Meer!

«Ich war sehr beeindruckt, daß die Unterwelt so hell und groß und reich ist», kommentierte Nora. «Es war da etwas mit Energie Geladenes, und die Farben waren elektrisierend. Es war ein unglaubliches Glücksgefühl, das ich da erfahren hatte. Ich bin ja auch ein Widder.»

Sie sagte weiter: «Der Widder bringt etwas in Gang, er stellt die Anfangsenergie dar, er ist hellwach, unbändig und vor allem rücksichtslos: Sich nicht kümmern, was daraus entstehen könnte, das ist es – das Ergebnis vorwegnehmen in der Phantasie und etwas tun, ohne das Ende zu kennen! Es ist wie in der Psychotherapie, der erste Schritt in etwas Neues hinein. Das Keimen zu sehen und zu erleben, wie das Vertrocknete abgestoßen wird, ohne Rücksicht, ob alte Dinge zerstört werden oder nicht. Das alles riskieren, das kann der Widder. Gar nicht so sehr viel Bedauern haben in dem Moment.»

Dieser Traum offenbarte sich uns durch ein spontanes unmittelbares Verstehen. Ich möchte zwei der wichtigsten Elemente dieses Traumes herausgreifen. Das eine ist die wunderbare Landschaft, die etwas Paradiesisches und etwas Ekstatisches an sich hat. Und das zweite ist die Gestalt des Widders, der das Spielerische mit dem Rücksichtslosen vereinigt.

Der türkisblaue See, der wie das Meer erscheint und so ist, als würde er selbst Licht abgeben, deutet auf eine tiefe Bezauberung hin, die Nora im Unbewußten erfährt. Das Meer als Kuppel weist auf die Unterweltlichkeit hin. Die Welt scheint auf den Kopf gestellt. Die Lichtquelle ist das Wasser. Hier ein Symbol des energetisch Belebenden, gepaart mit einer anderen Energie. Eigentlich ist unsere Licht- und Energiequelle ja die oberweltliche Sonne. Hier aber ist es das Meer in der Unterwelt. Das bedeutet, daß Erkenntnis, Bewußtheit und Erleuchtung nicht von oben, sondern von unten, von der Unterwelt her auf die Träumerin zukommen.

Bisher hatte Nora, als typische «Vaterstocher» Erleuchtung immer nur von «oben» erhofft. Ihr Vater spornte sie zu Leistung an. Und sie wollte wegen ihrer Klugheit und ihrem Wissen vom Vater geliebt werden. Überall, im Studium, im Beruf, suchte Nora «Väter», die sie lieben und anerkennen sollten. Dazu verhalf ihr ein Wesenszug, den sie vorzüglich ausgebildet hatte, nämlich immer lieb, sonnig, friedfertig zu sein. Aber mit dieser Art lebte Nora gegen ihr wahres Selbst.

Im Traum stellt der Widder ein Gegenbild zu dieser friedfertigen Art dar, die sie daran hinderte, sich aktiv das zu holen, was sie brauchte. Der Widder ist im Traum ein Geschenk ihres Freundes, und es heißt, er habe sie erwartet. Das bedeutet, daß hier ein Stück Männlichkeit sie erwartet, die jung ist und ganz anders als die alte väterliche, an die sie bisher gebunden war. Das Spielen und Tollen des Widders ist nicht zweckgebunden, wie es die Aktivitäten des Vaters waren (Leistung), sondern ist erfüllt von ungeheurer Willenskraft. Diese war bei Nora bisher gestaut gewesen in den Prinzipien von Pflicht und Ordnung, die sie an den bewunderten Vater gebunden hatte, der alles nicht hundert-, sondern hundertfünfzigprozentig tun mußte. Die Träumerin war bisher selten zum aktiven Handeln gekommen, weil tausend Gedanken und Grübeleien sie daran hinderten. Der Widder jedoch greift an und handelt ohne nachzudenken.

Etwas Zauberhaftes scheint jungen spielenden Tieren innezuwohnen, vielleicht noch mehr als Menschenkindern, denn man hat das Gefühl, daß sie gefeit sind vor jeder Gefahr. Im Traum ist Nora die Schwester des Widders und so an eine junge kindlich spielerische Seite angeschlossen, die ihr durch den «Dienst» am väterlichen Prinzip verloren gegangen war und die sie weitgehend handlungsunfähig gemacht hatte.

Die Rücksichtslosigkeit und das Durchsetzungsvermögen, welche Nora zu dem Traum phantasiert hatte, sowie die Zerstörung, ohne dabei Bedauern zu verspüren, deutet auf eine neue selbstbewußte Weiblichkeit hin. All dies sind Eigenschaften, die die Frau aus der Bindung vom Vater befreien. Es gehört zur Individuation des Weiblichen, Ärger, Wut und Haß zuzulassen, Qualitäten, die der Frau bisher in unserer Kultur abgesprochen worden sind und wegen der sie massiv abgelehnt wurde.

Diese beiden Träume zeigen uns, daß Phantastisch-Aufrührerisches und Spielerisch-Rücksichtsloses uns mitreißen und gefangen nehmen können. Entscheidend für die nachhaltige Wirkung dieser Träume ist die Einstellung der Träumerinnen dazu: sich darauf einzulassen mit der Gewißheit, es geht die eigene Seele zutiefst etwas an.

Das Weibliche:
Abstieg und Flucht
vor den Vätern

Warte nicht, warte auf nichts mehr!
Die Zukunft ist nur gut,
wenn sie Gegenwart geworden ist.

Was in unserer Kultur bisher als weiblich angesehen wurde, ist stets vom Mann, vom männlichen
Standpunkt aus festgesetzt oder aus der Beziehung
zum Männlichen her gesehen worden. Die Frau
hatte die Rolle der verständnisvollen Mutter und
Ehefrau oder der eifrigen, sich überall beliebtma-
chenden Tochter oder die Rolle der sanften, unter-
stützenden und inspirierenden Partnerin (vgl. Perera, S. 12). Die von Männern kreierten weiblichen
Modelle, nach denen Frauen sich orientieren
konnten, waren entweder einseitig hell wie die
Jungfrau Maria oder einseitig dunkel wie zum Beispiel die Hexe oder die Verführerin.
Feministinnen auf der ganzen Welt haben in den
letzten Jahrzehnten daran gearbeitet und aufgezeigt, daß die Frau keine kollektive geistige und re-
ligiöse weibliche Identifizierungsmöglichkeit hat:
Gott wurde ja im Christentum immer als Mann

dargestellt. Es gibt also kein ganzheitliches kollektives weibliches Vorbild. Das hat seine Vor- und Nachteile. Der Vorteil, daß kein fertiges Muster der Weiblichkeit für sie vorhanden ist, der Nachteil: daß die Frau jetzt ihre individuelle Weiblichkeit suchen muß, ohne Leitbilder zu haben. Um diese zu finden, müssen Frauen die einseitige lichte Seite des Weiblichen, die vom Patriarchat vorgegeben ist, verlassen und aufhören, «spirituelle Töchter des Patriarchats» zu sein (Perera, S. 12 bzw. 14).

So ist die Identität des Weiblichen in unserer Kultur stark begrenzt durch Gewohnheit und Tradition. Die Bindung an das Väterliche ist viel stärker, als es uns bewußt ist, weil sie allen so selbstverständlich ist. Erst heute wird langsam deutlich, daß davon unzählige unserer Lebensformen beeinflußt sind. Parallel dazu hat das Weibliche nicht die gleiche Macht. Wir haben noch keine neuen Symbole für einen Weg, der uns weg von den Vätern führt, jedoch Frauen überall auf der Welt sind dabei, neue Symbole und Riten dafür zu schaffen.

Frauen definierten sich vor allem durch ihre Kapazität und Möglichkeit zu lieben, den Mann zu lieben, ihm zu dienen. Was die Frauen aber kaum gelernt haben, war Liebe und Respekt sich selbst gegenüber – sobald sie allein waren, fühlten sie sich einsam oder leer. Ein Selbstwertgefühl ohne Mann war bis vor kurzem für sie undenkbar und ist es für viele Frauen auch heute noch. Dies ist auch verständlich: Gott Vater neigt sich zu seinem Sohn und ruft aus: «Du bist mein lieber Sohn!» Gott Vater und Sohn sind eins. Keine Muttergöttin neigt sich in unserer Kultur liebend zu ihrer Tochter, und auch kein Vater-Gott kümmert sich fürsorglich um seine Tochter. Der liebende Blick des Vaters, sowohl Gott-Vaters wie auch anderer Väter in unserer patriachalen Kultur, galt immer zuerst dem Sohn. Oriana Fallaci beschreibt in ihrem Buch «Brief an ein nie geborenes Kind» auf eindrückliche Weise die Stellung der Frau in der patriarchalen Welt, wenn sie sagt (S. 13 ff.): «Wenn meine Mutter sehr unglücklich ist, stöhnt sie: ‹Ach, wäre ich doch nur ein Mann!› Ich weiß: unsere Welt ist eine von Männern für Männer gemachte Welt, ihre Diktatur ist schon so alt, daß sie sogar bis in die Sprache hineinreicht. Im Italienischen sagt man uomo (Mann, Mensch) und meint damit Mann und Frau, man sagt bambino und meint damit Junge und Mädchen, man sagt omicidio und meint damit die Ermordung eines Mannes und die einer Frau. In den von Männern erfundenen Legenden zu Erklärung des Lebens ist das erste Geschöpf nicht etwa eine Frau: es ist ein Mann mit Namen Adam. Eva kommt nachher, um ihn zu amüsieren und Unheil anzurichten. Auf den Gemälden, die ihre Kirchen zieren, ist Gott ein alter Mann mit einem Bart: niemals eine alte Frau mit weißem Haar. Und alle ihre Helden sind Männer: von jenem Prometheus, der das Feuer brachte, bis zu jenem Ikarus, der zu fliegen versuchte, und bis hin zu jenem Jesus, den sie als Sohn des Vaters und des Heiligen Geistes erklärten: schon fast, als wäre jene Frau, die ihn geboren hat, ein Brutschrank oder eine Amme gewesen. Und trotzdem oder vielleicht gerade darum ist es so faszinierend, eine Frau zu sein. Es ist ein Abenteuer, das so viel Mut erfordert, eine Herausforderung, die einem nie zu viel wird.»

Das Abenteuer, eine Frau zu sein, und zwar eine, deren Abhängigkeit vom Männlichen, von den Vätern absolut untragbar geworden war, erlebte eine Frau mittleren Alters, Nina. Sie träumte den Traum, den ich hier bringen möchte, in der Neujahrsnacht, nachdem sie den Entschluß gefaßt hatte, sich aus der Abhängigkeit von ihrem Vaterbild zu lösen. Ihr Vater war schon lange gestorben, aber gerade deshalb hing sie mit einer inbrünstigen, unwirklichen Idealisierung an ihm. Sie hatte in ihm immer nur den sensiblen, künstlerischen Menschen gesehen, der er gewiß *auch* gewesen war, wollte sich aber nie seine brutale Rücksichtslosigkeit gegenüber sich und ihrer Mutter eingestehen. Sein Scheitern und Versagen durch Ängstlichkeit, Anpassung und Zaudern im Leben, all das wollte sie nie wahrhaben.

Diese Frau war sehr weiblich, mit vielen differenzierten Liebesbeziehungen, und doch kam ihr immer wieder die Vateridealisierung in die Quere.

Weil sie zu bereit war, sich anzupassen, war sie auch offen für Manipulationen von seiten der Männer. Sie paßte sich an, um von ihnen geliebt zu werden. Dahinter stand die Suche nach dem geliebten, zu früh verlorenen und sehr zwiespältig erlebten Vater. Der Vater war beruflich gescheitert, während Nina in ihrem professionellen Leben durch Perfektion und Leistung das Scheitern des Vaters ungeschehen zu machen trachtete. Die Ängste, die mit ihren Höchstleistungen verbunden waren, ließ sie bei sich nie zu. Ihre Unabhängigkeit und ihren Erfolg im Berufsleben verdankte sie dem Vorsatz: nur nicht so sein, nur nicht versagen wie der Vater. Ihr Motto: Ich will nie hungrig und nie bedürftig sein. Ninas Traum:

Ich habe den Schlüssel zu meines Vaters Haus. Es ist unser altes Haus in X. Die Hausmeisterin scheint schon auf mich zu warten. Als ich aufschließen will, sagt die Hausmeisterin: «Dort drinnen sind zwei Katzen.» Ich schließe die Wohnung auf. In diesem Moment sind meine Katzen auch schon da. Sie gehen hinter mir in die Wohnung hinein. Ich mache die Tür hinter uns zu. Wir sind allein, die Hausmei-

sterin ist draußen und doch auch drinnen. Auf dem Sofa ist die graue steinalte Katze meiner Freundin in Warteposition. Sie hat auf mich gewartet. Eine zweite Katze ist im Hintergrund. Es ist sehr dunkel und sehr heiß in der Wohnung. Ich sage schnell zu der Frau, ich müsse das Fenster aufmachen, es sei so entsetzlich heiß. Sie schüttelt verneinend und geheimnisvoll den Kopf. – Ich muß es also geschlossen halten.

Für Nina war es bedeutungsvoll, daß sie diesen Traum in der Neujahrsnacht hatte. Sie betrachtete ihn sozusagen als Programm und Versprechen für das kommende Jahr. Dazu phantasierte sie: «Die Atmosphäre hatte etwas von Hölle und Totenreich, es war eine Höllenhitze. Die Katze war *uralt,* sie hatte etwas Menschliches. Außerdem erinnerte sie mich an die Katze meiner *toten Freundin* – das Tier war bei einem Brand kurz vor dem Tod meiner Freundin auch ums Leben gekommen.»

Der Tod ihrer Freundin, mit der sie schon als Kind zusammen gespielt hatte, war ein großer Schock für Nina gewesen. Ein halbes Jahr vor deren Tod kamen die Katzen (deshalb im Traum zwei Katzen) dieser Freundin bei einer Explosion mit anschließendem Brand in deren Wohnung um. Nina hatte immer einen Zusammenhang gesehen zwischen dem Tod der Katzen und dem plötzlichen Sterben ihrer Freundin. Daß gerade diese Katze sich in dem

Haus des Vaters befindet, weist auf den Todes-
aspekt des Traumes hin, wie auch auf die Rückver-
bindung zu der Kindheit der Träumerin.

Zu der geheimnisvollen Atmosphäre und dem Unterweltscharakter dieses Traumes hatte Nina fol-
gende Phantasien: «Die Hausmeisterin war eine
Zauberin! Sie konnte draußen und drinnen gleichzeitig sein und war sowohl sichtbar wie auch un-
sichtbar. Ich glaube, sie und die Katze sind Herr-
scherinnen in einem dunklen Reich, zu dem ich
durch diesen Traum Zugang gefunden habe.»
Nachdenklich fügte Nina hinzu: «Der Traum hat
viel mit meinem Vater zu tun – ich muß ihn erlösen
und dadurch auch mich.»

Nina ist im Traum tatsächlich in ihr *Vater*haus, das
wie ein Grab anmutet, zurückgekehrt. Es war das
väterliche Haus, das sie aus ihrer Kindheit kannte,
das längst verkauft war. Aber es mutete im Traum
wie ein Totenhaus an, ein Ort, wo ein Komplex begraben, aber nicht bearbeitet worden ist. Verstaubt und alt, die Einrichtung wie die Katzen,
meldet er sich jetzt wieder an. Gräber waren schon
seit jeher als ein Eingang zur Unterwelt und ihren
unbewußten Tiefen betrachtet worden.

Es gibt einen weitverbreiteten Glauben, daß Tiere
die Seele menschlicher Verstorbener verkörpern.

Es heißt, die Katze habe schon auf sie gewartet.
Man gewinnt den Eindruck, die uralte Katze sei

eine Göttin. Die Katze als Unterweltsgöttin ist ein altes Motiv. In Ägypten gab es Katzengöttinnen, die einen dunklen unterweltlichen Aspekt hatten.

Die Katze hat eine bestimmte seelische Qualität, nämlich die des weiblich vollkommen Autonomen und Unabhängigen. Sie ist ein Tier, spontan und stolz, das man nicht dressieren kann und das nur das tut, was ihm wirklich entspricht – im Gegensatz zum Hund beispielsweise. Die Katze stellt also hier jene weibliche Seite in Nina dar, die vom Vaterkomplex gefangengehalten worden ist, die in des «Vaters Haus» verstaubt und eingeschlossen nun auf sie wartet.

Es scheint so, als ob in dieser Höllenhitze ein Ausschwitzen der Vaterbindung gefordert wird. Gleichzeitig bietet diese erstickende Atmosphäre auch die Möglichkeit, verschiedene Elemente miteinander zu verschmelzen: das Väterliche soll mit dem Weiblichen in der Unterwelt vereinigt, versöhnt werden. Es ist, wie wenn dieser Raum, dieses Haus, dessen Fenster geschlossen bleiben müssen, ein alchimistisches Wandlungsgefäß darstellte, das erst wieder geöffnet werden darf, wenn die Wandlung vollzogen ist. Die Hausmeisterin, eine Art Schwellenhüterin, die schon lange auf die Träumerin gewartet hat, kennt sich in diesem komplexhaften Haus aus, sie ist eine Wissende.

Nina hatte nach dem Tod ihres Vaters um ihn nicht

wirklich trauern können, denn sie war noch sehr jung gewesen. Und später schwankte sie immer hin und her zwischen Verzweiflung über seinen Tod und Haß auf ihn. Nach diesem Traum konnte sie langsam mit der Trauerarbeit beginnen und war dadurch in der Lage, eine neue Einstellung zum Männlichen zu gewinnen. Vorher oder bis dahin hatte sie immer die Illusion, daß nur die Beziehung zu einem Mann sie retten könne. Und sie unterwarf sich ihm und bewunderte ihn. Sie war gezwungen, Männer zu idealisieren, denn hätte sie sich eingestanden, daß die Männer, mit denen sie zu tun hatte, nicht so ideal sind, hätte sie auch ihr Vaterbild entidealisieren müssen.

Das Vaterbild kann sich aber erst wandeln, wenn die Frau die Idealisierung und bestimmte Illusionen bezüglich der Person des Vaters aufgeben kann. Das ist für das Weibliche heutzutage meist nur im Abstieg in die Unterwelt möglich. Dort wird das Katzenhafte, das Spontane, das Unabhängige gefunden und befreit, und dort wird die einseitig heroische Helligkeit der Vaterwelt zunichte gemacht. Wenn es der Frau gelingt, ihren Vater nicht mehr zu vergöttern, erlebt sie dies wie das Trauern um einen Toten (Perera, engl. S. 52, dt. S. 79). Erst danach ist es ihr möglich, Beziehung zu ihrer eigenen Weiblichkeit aufzunehmen.

Im folgenden Traum werden wir einem anderen

weiblichen Wesen begegnen, das der Träumerin Hilfestellung gibt. Diesen helfenden Unterweltsaspekt finden wir oft in Träumen von Frauen, die mit einem zu geistigen Vater-Animus identifiziert waren. Sie müssen dann in jene Bereiche hinuntersteigen, die dieser zu luftige Animus als unannehmbar und verwerflich erlebt. Perera beschreibt diesen Zustand, aus dem Tagebuch einer Frau zitierend, so: «Ich war so tief unten – es war übelkeitserregend, wie faules Fleisch. Nie habe ich mir erlaubt, so passiv, so voll Häßlichkeit zu sein, aber es entsetzt mich nicht einmal mehr. Ich lerne, daß mir alles einerlei ist . . . Nun kann ich mich im Universum zu Hause fühlen . . .» (S. 29 bzw. 40).

Eine Frau, Lea, die ähnliche Probleme hatte, träumte folgendes:

Ich muß in einen Abgrund hinuntersteigen, der in die Unterwelt führt, und zwar auf einer Leiter, die ganz senkrecht und tief hinuntergelassen ist. Dabei muß ich meinen offenen Koffer mitnehmen. Er darf auf keinen Fall geschlossen werden. Eine Frau, die schon unten wartet, ärmlich, braun im Gesicht, eine Mexikanerin, hilft mir. Ich frage sie angsterfüllt, ob ich diesen Weg jeden Tag gehen müsse. Sie sagt: «Nein, nur einmal.» Ich bin mit Schrecken erfüllt, weil ich nicht weiß, wie ich da hinunterkommen soll, noch dazu mit dem offenen Koffer. Die Frau meint, es sei ganz leicht.

Die Träumerin verfolgte die Traumbilder weiter in einer aktiven Imagination, die folgendermaßen lief:

Gespräch mit der Mexikanerin: «Warum muß der Koffer offen sein?» – «Du mußt dein Chaos sehen, ja, ja.» – «Ich werde fallen bei dem Abstieg» – «Nein, und wenn auch, dann fällst du eben.» – «In meinen Tod?» – «Ja, in deinen Tod, in dein eigenes Leben!»

Ich versuche es und balanciere den Koffer hinunter. Die Frau hilft mir. Ich muß den Koffer, der sehr schwer ist, in der rechten Hand halten. Mit der Linken umklammere ich die Leiter. Einen Teil meiner Kleider werfe ich in den Abgrund. Ich klettere tiefer und tiefer, bis das Wasser beginnt. Es ist grün und warm. Es leuchtet, sonst ist alles dunkel. Hier muß ich eine Zeit bleiben, sagt die Frau zu mir.

Ich frage sie: «Wer bist du?» – Sie: «Die Unterdrückte, die Vergewaltigte, die Geschundene.» – «Wieso kannst *du mir* Rat geben?» – «Weil ich weiß!»

Lea war von diesem Traum sehr bewegt. Sie erzählte, daß sie selber schon in Mexiko gewesen war, wo ihr die unglaublich harte Existenz der Frauen aufgefallen war und unendliches Mitleid bei ihr erregt hatte. «Das einzige Los der Frauen dort, mit dem sie wirklich rechnen können, ist Mutter so vieler Kinder als möglich zu werden», erzählte Lea. «Ich sah keine Frau in gebärfähigem Alter von 16 bis 50, die nicht schwanger war. Sie sahen alle verhärmt, abgearbeitet und arm aus. Ich sah ältere Mütter mit bis zu 10 Kindern in der Nacht auf der Straße schlafen oder noch um Mitternacht betteln. Die Männer waren nicht da, um ihnen beizustehen.»

Daß gerade diese Mexikanerin, die sich eine Unterdrückte und Geschundene nennt, daß die mir gerade helfen kann, ist unglaublich! Ich glaube, ich verstehe jetzt den Traum. Ich erlebe hier, wie unterdrückt und geschunden ich die ganze Zeit immer gewesen bin.»

Nach einigem Nachdenken fuhr sie fort: «Ich verstehe plötzlich die Wunden, die die Beziehung zum Vater mir geschlagen hat, und daß sie auch gleichzeitig die Quelle meiner Heilung sind. Daß es nicht notwendig ist, irgend etwas Großartiges zu tun, sondern daß ich den Mut haben muß, hinunterzugehen zu dieser armen und geschundenen Frau. Von ihr bekomme ich Nahrung und Hilfe. Nicht oben, sondern unten liegt jetzt die Lösung für mich.»

Dadurch, daß Lea im Traum ihre Aufgabe erfüllte und den Abstieg wagte, konnte sie sich mit ihrer eigenen Dulderrolle konfrontieren. Der Traum und die Imagination machten deutlich, daß das Weibliche zutiefst gedemütigt und entwürdigt ist. Erst wenn man das schreckliche Los einer inneren Figur verstehen lernt, kann sich dieses wandeln. Man hat es dann zum Beispiel nicht mehr nötig, demütigende und entwürdigende Erlebnisse in der Außenwelt unbewußt herbeizuführen.

Akzeptiert man eine solche vernachlässigte innere Figur, dann wird sie zu einer Hilfreichen und Wissenden.

Und es war tatsächlich so, daß bei Fortführung dieser Imagination durch Lea die Mexikanerin unten anfing zu nähen und zu weben, während die Träumerin selbst ihre weißen Kleider geopfert, weggeworfen hatte und einfache dunkle Gewänder, die die Mexikanerin für sie angefertigt hatte, trug. Das Ausharren in der Dunkelheit bewirkte ein neues Lebensgefühl. Die Mexikanerin entpuppte sich als eine Geisterfrau, eine Schamanin, die, wenn man zu ihr den Weg gefunden hatte, einem weiterhalf. In diesem Fall war die Hilfe der Weg von dem Dulden, Immer-Nachgeben hin zu einer selbstbewußteren Weiblichkeit.

Dieser Abstieg war nur einer von vielen Schritten zur Findung ihrer eigenen Weiblichkeit und Erlösung des Vaters in ihr.

Feurige Wut und Ärger, etwas, was sie nie auszudrücken vermochte, mußte erst an die Oberfläche kommen und zugelassen werden.

Die Angst vor Wut und Ärger ist etwas, was viele

Frauen in der patriarchalen Welt gemeinsam haben. Wenn sie ärgerlich sind und Wut zeigen, bekommen sie meistens Schuldgefühle, denn es gilt seit jeher in unserer Kultur als unweiblich, ja sogar als böse, wenn eine Frau Wut offen zeigt. Viele Angstattacken, psychosomatische Symptome und auch sexuelle Störungen sind verantwortlich für das Zurückhalten dieser Energien. Auch die Märtyrerrolle, das Opfer-Sein hängt mit nicht zugelassener Wut zusammen (Leonard, S. 124).

Das dunkle weibliche Wissen wie auch weibliche Wut und Rachegefühle sind für das männliche Bewußtsein (der Frau wie des Mannes) unheimlich und werden daher abgelehnt. Die Geschichte der «Zauberflöte» illustriert diese angsterfüllte Einstellung der väterlichen Welt zur Unterwelt, die das dunkle Weibliche symbolisiert. In der Geschichte von Schikaneder, der den Text für Mozarts Oper verfaßt hat, geht es um die Rivalität von Sarastro, einem Priester des hellen Tempelbezirks gegenüber der Königin der Nacht, der Göttin der Unterwelt. Sarastro hat die Tochter der Königin, Pamina, geraubt und hält sie bei sich gefangen. Ihr Gefängniswärter ist Monostatos, ein lüsterner Mohr, der sie nicht nur bewacht, sondern sie mit seinen Avancen verfolgt und sie vergewaltigen möchte. In den «Heiligen Hallen» des Sarastro, wo man «Rache nicht kennt», wird eine Frau im heiligen Bezirk dieses Priesters zum Lustobjekt seines eigenen Dieners. Tamino, der Pamina liebt, soll von Sarastros Priestern im Tempel seine Einweihung empfangen. Die Zauberflöte, die ihn dabei leitet, stammt sonderbarerweise nicht aus dem hellen Bezirk der Priester, sondern aus dem Reich der Königin der Nacht – ihr Gatte hatte sie geschnitzt. Es sind auch drei Damen der Königin, die Tamino das Leben retten, als er von einer Schlange bedroht wird. Das zeigt, daß die hilfreichen Kräfte aus der Unterwelt dem Weiblichen entspringen. Das Männliche hingegen, das als Diener der lichten Götterwelt mutig und heldenhaft dargestellt wird, verachtet die Gefühle, welche die Frauen in dieser Geschichte durchleben, weil das Weibliche letztlich für sie nicht zählt. Die nächtliche Königin, die den Raub ihrer Tochter beklagt, wird von Sarastro nicht ernst genommen. Sie klagt:

Zum Leiden bin ich auserkoren,
denn meine Tochter fehlet mir,
durch sie ging all mein Glück verloren,
ein Bösewicht entfloh mit ihr.

Gleiches geschieht mit Paminas Leid, ihre Traurigkeit, die sie aufgrund des Verlustes der Mutter empfindet, wird ignoriert:

Pamina: Mir klingt der Mutter Name süße,
sie ist es . . .
Sarastro: . . . und ein stolzes Weib!
Ein Mann muß eure Herzen leiten,
denn ohne ihn pflegt jedes Weib
aus ihrem Wirkungskreis zu schreiten.

Anstatt auf Paminas Sehnsucht nach dem Mütter-
lich-Weiblichen einzugehen, bietet er ihr männliche Werte an. Serastro glaubt, daß Pamina ohne
diesen männlichen Schutz verloren wäre. Tamino
hingegen wird vor der Gefährlichkeit der Frauen
gewarnt. Ein Priester spricht:

Ein Weib hat also dich berückt?
Ein Weib tut wenig, plaudert viel.

Oder an anderer Stelle:

Bewahret euch vor Weibertücken,
dies ist des Bundes erste Pflicht;
manch weiser Mann ließ sich berücken,
er fehlte und versah sich's nicht,
verlassen sah er sich am Ende,
vergolten seine Treu mit Hohn!
Vergebens rang er seine Hände,
Tod und Verzweiflung war sein Lohn.

Diese Aussagen zeigen deutlich, daß ein Mann, der sich mit einer Frau einläßt, verdammt und verloren ist. Die Verachtung von weiblichen Emotionen führt dazu, daß diese in den Bereich des Teuflischen und Unberechenbaren verbannt werden. Weibliche Wut ist in unserer Kultur noch immer ein Tabu, etwas, mit dem niemand in Berührung kommen möchte, weil sie beängstigend ist. Diese Ängste sind unserer Gesellschaft jedoch nicht bewußt. Wir sehen die Wut- und Rachegefühle der Frauen nur als äußerst unattraktiv und unangebracht an.

Auch die Wut und Rachsucht der verzweifelten Königin wird hier mit einer Verdammung in die Hölle bestraft:

Der Hölle Rache kocht in meinem Herzen,
Tod und Verzweiflung flammen um mich her.

So wird das dunkle Weibliche wieder dämonisiert, und die hellen patriarchalen Vorstellungen allein bleiben bestehen. Durch diese Verbannung des Weiblichen in höllische Tiefen hat der Mensch seine weiblichen Anteile von sich abgespalten.

So wird auch der Individuationsweg, das heißt die Selbstfindung des Menschen, immer als ein Weg nach oben ins Licht beschrieben. Das männliche Bewußtsein sieht nicht, daß zur Ganzheit, zur Individuation, genau so der Weg ins Dunkle, in die Unterwelt gehört. Dort nämlich liegen hochemotionale Werte, die die Lebendigkeit und Spontaneität der Seele ausmachen.

Die Vernachlässigkeit des Weiblichen wird deutlich durch Paminas Weg. Sie begleitet Tamino zu *seiner* Individuation, die ganz von männlichen Wertvorstellungen bestimmt ist (durch Sarastro und seine Priester). Dadurch kann Pamina nicht zu ihrem eigenen Selbst finden. Ihr Weg müßte sie, wenn sie ihn allein und für sich antreten könnte, hinunterführen zum Weiblichen, nicht *zur* Mutter, aber *über* die Mutter. So aber bleibt Pamina in dieser Geschichte in der Gefolgschaft des Mannes, eine «Tochter des Patriarchats», und die Priester können freudig singen:

Heil sei euch Geweihten!
Ihr dranget durch die Nacht,
Dank sei dir Osiris,
Dank dir Isis, gebracht!
Es siegte die Stärke und krönet zum Lohn
die Schönheit und Weisheit mit ewiger Kron.

Die Königin der Nacht hingegen, die ja eine Göttin ist, wird zum Schluß zu einer teuflischen Intrigantin erniedrigt. Die Priester sind nunmehr in ihrem Element, nachdem die Königin in die Hölle verbannt wurde und damit das «Böse» verschwunden ist. Dadurch sehen alle Pamina und Tamino als gerettet an. Das ist aber ein Trugschluß, denn diese weiblichen Kräfte, die nicht nur in der «Zauberflöte», sondern auch in unserer Kultur so abgespalten und verteufelt werden, stehen uns dann nicht mehr zur Verfügung.

Wenn wir heute Träume haben, die uns zu dem dunklen Weiblichen führen, ist es wichtig, daß wir ihnen Beachtung schenken, weil sie heilend auf die Abspaltung des Weiblichen vom Männlichen wirken. Die «dunkle Frau», ob es die Königin der Nacht ist, die um den Verlust ihrer Tochter trauert, oder eine Mexikanerin, die eine Geschundene ist, oder die graue Katze, die alt, vernachlässigt und alleingelassen war, sie alle symbolisieren Figuren, denen Leiden vertraut ist, die ihre Gefühle nicht abwehren. Das befähigt sie, heilende Kräfte zu entfalten, das heißt, das Leiden der anderen zu verstehen und daran teilzuhaben.

Das Abenteuer im Dunkel

Es ist sehr wohl möglich, daß wir die Welt
von der verkehrten Seite anschauen
und daß wir die richtige Antwort finden können,
wenn wir unseren Standpunkt änderten
und sie von der anderen Seite her betrachten,
d. h. nicht von außen, sondern von innen.

C. G. Jung

Das Abenteuer mit unterweltlichen Träumen fasziniert uns und weckt in uns die Hoffnung, ja die Gewißheit, daß unser Leben nicht ausschließlich von
Taten und Leistungen des Ich in der Außenwelt abhängt, sondern daß es bestimmte Aufgaben gibt,
die in der Unterwelt getan werden müssen und deren Erfüllung uns tiefere Befriedigung bereitet. Indem wir in Träumen Arbeiten vollbringen oder
Dinge tun, die oft für unser Tagesbewußtsein unverständlich sind, stellen wir uns den Mächten der
Unterwelt hingebungsvoll und ordnend zur Verfügung und setzen uns ihnen aus. Mit unbeirrbarer
Energie und gezielter Konzentration wird oft im
Traum gearbeitet, um ein Stück der eigenen Natur,
des vielleicht verbannten Gefühls oder längst ver

schwundenen Geistes zu befreien. Dazu der Traum eines jungen Mannes, der in der äußeren Realität sehr unsicher war, wie er sein Leben gestalten sollte und welche Arbeit er anzugehen hatte. Der Traum von Felix:

Ich muß eine endlose Ebene durchqueren, die in einem merkwürdigen Zwielicht liegt. In der Ferne leuchtet ein weißliches Licht mit «magischer» Intensität. Der Boden ist dicht mit Schlangenleibern bedeckt, um die dicke geleeartige Massen lagern, so daß meine Füße kaum Platz finden und ich nur sehr langsam vorankomme. Ich habe die Aufgabe, wenn ich, was ich nicht vermeiden kann, die geleeartige Masse berühre, sie wieder zurechtzurücken und der richtigen Schlange zuzuordnen. Diese Masse besteht nämlich aus unzähligen kleinen neugeborenen Schlangen. Sobald ich sie der falschen Schlange zuordne, warnt und korrigiert mich eine Stimme. Die Schlangen haben ungeheuer große Augen, Menschenaugen, die mich stumm beobachten ... Beim Aufwachen bin ich erstaunt darüber, daß ich keinerlei Ekel empfand, sondern nur ängstlich um meine Aufgabe bemüht war.

Die Unterweltlichkeit dieses Traumes wird durch mehrere Anteile deutlich: Die endlose Ebene erinnert an einen grenzenlosen Ort, an einen, wo alles gleichbleibend, ewig ist. Das merkwürdige Zwielicht und das weißliche Licht mit magischer Intensität haben etwas Göttliches, was uns ergreift. Es erinnert an das griechische Totenreich, wo ewiges Zwielicht herrscht und alles unveränderlich ist. In diesem Traum muß Felix eine Arbeit in unterweltlichen Gefilden leisten. Es gilt, noch ganz junge, kaum geborene Kräfte, fast wie Spermien, aber ungeheuer fruchtbar, zu ordnen. Es geht um ein sorgfältiges und bewußtes Beachten seines Weges, wobei er auch die seelische Realität anderer berücksichtigen muß. Der Blick der Schlangen, ihre Menschenaugen, deuten darauf hin, daß ein tiefes Wissen der Natur dem Träumer zur Verfügung steht und die warnende und korrigierende Stimme als unterweltliche Macht ihn leitet.

Die Schlangen selber sind ein Symbol des Dunklen. Sie kriechen auf der Erde, stellen also Erdnahes dar. Sie haben aber auch Unterweltscharakter. Die griechische Hekate, eine Heilerin und Göttin in der Unterwelt, wurde oft in menschlicher Gestalt, aber mit Schlangenfüßen dargestellt. Die Schlange hat also heilende Bedeutung, ja auch eine göttliche. Der oberste Gott der Mayas war eine gefiederte Schlange – Quetzacoatl (über weitere Aspekte der Schlange siehe auch Sauer, Traumbild Schlange).

Was bedeuten Augen? Wenn wir in die Augen eines Menschen oder eines Tieres blicken, haben wir das Gefühl, ein Stück seiner selbst, seiner Seele zu erkennen. Schlangenaugen blicken den Träumer mit Heilkraft und Weisheit aus der Tiefe an. Sich von den Augen dieser Tiefe ansehen und führen zu lassen, hat einen heilenden Effekt, nämlich zum Beispiel den, seine eigene Realität illusionslos zu erkennen. Nach diesem Traum sagte mir Felix eines Tages ganz unvermittelt – so unvermittelt wie das Auftauchen einer Schlange –: «Mir ist in dieser Woche eine sehr wichtige Erkenntnis gekommen, nämlich daß man arbeiten muß, um zu leben!» Er hat also ein Stück ganz banaler Realität dieser Erde erkannt.

Die Erfahrung, daß nächtliche Augen Wissen vermitteln und eine heilende Wirkung haben, machte auch eine Frau, die an einer Wende ihres Lebens stand. Entschlossenheit und eine neue Sicht der Dinge wurden von ihr gefordert, weil sich durch das Aufgeben eines alten Berufs und das Eintreten in einen neuen eine tiefe Veränderung ergab. Sophie hatte folgenden Traum:

Ich bin zur Versammlung einer erlesenen Gruppe gerufen worden. Es sind Berufskolleginnen und Kollegen von mir, bekannte und auch unbekannte. Wir sind aus einem feierlichen Grund zusammengekommen, zu einer Art Einweihung, Einführung. Ich weiß, es geht um mich! Die Stühle sind so aufgestellt, daß jeder einem bestimmten Partner gegenübersitzt. Wir haben alle auf den Stühlen Platz ge-

nommen. Nur der Stuhl vis á vis von mir ist noch
frei. Plötzlich öffnet sich die Tür und eine dunkle
Frau kommt herein, die sich mir gegenübersetzt. Ich
erkenne sie. Wir schauen uns gegenseitig unver-
wandt an. Da verwandeln sich ihre Augen in Eulen-
augen, die ein tiefes, dunkles Wissen ausstrahlen.
Ich mußte in diese dunklen Augen hineingehen. Das
war die Einweihung.

Dieser Traum stimmte Sophie sehr feierlich und
auch glücklich. Sie kommentierte ihn so: «Ich habe
den Traum genau verstanden. Es war etwas sehr
Geheimnisvolles darin. Ich wußte, ich gehörte nun
dazu. Aber wozu und zu wem gehörte ich? Nicht zu
einer Berufsgruppe, nein, es war etwas anderes,
ich hatte das Gefühl, daß ich eine Verbindung eingegangen bin mit einer dunklen Macht, der ich
jetzt verpflichtet bin. Die Frau mit den Eulenaugen
war eine weise Frau. Durch ihren Blick trug sie ein
Wissen an mich heran, das von unten, von innen
kam. Das Hineingehen in diesen Blick war wie das
Verschwinden aus dieser Welt in eine andere, wie
das Hinübergehen in etwas Unheimliches, aber
auch sehr Schönes.»

Es handelt sich hier um eine Initiation, und man
spürt die innere Zielrichtung, die der Traum durch
seine eindrucksvollen Bilder nimmt. Das Hineingehen in die dunklen nächtlichen Augen der Eule
führen die Träumerin zu den Untergründen der

Seele, einem Ort, den Sophie in ihrem neuen Beruf oft wird aufsuchen müssen.

Und wieder sind es Tieraugen, die eine Träumerin ansehen! Die Eule gilt als Tier der Weisheit, sie ist ein Vogel, der in der Nacht sehen kann und wach ist. Es sind die nächtlichen Augen der Tiefe, in die die Träumerin eintreten muß. In Cocteaus Film «Orphé» gelangt man in die Unterwelt, indem man durch einen Spiegel hindurchgeht. Das Hereingehen in die Augen erinnert daran: es ist wie wenn man in eine andere Dimension und in eine neue Wirklichkeit tritt. Nach dieser Traumerfahrung konnte Sophie die tausend Zweifel, ob sie ihren neuen Aufgaben gewachsen war, abbauen. Sie wußte, daß sie eine Hilfe bekommen hatte, von «innen» und «unten», wie sie es ausdrückte.

Dieses Sehen bis auf den Grund durch Augen oder Wasser ist ein sich immer wiederholendes Unterweltsmotiv. Dazu paßt der Traum eines jüngeren Mannes, Ernesto, der es gewohnt war, Leiden und Gefühle der Trauer nicht an sich herankommen zu lassen. Gefühle zählten in der Familie, in der er aufgewachsen war, nicht, sondern nur Ansehen, Erfolg, Tüchtigkeit, wissenschaftliche Forschung. Auf allen diesen Gebieten war er hervorragend. Sein Traum:

Ein Kollege aus Kanada besucht mich. Ich zeige ihm meine neue Station. Diese ist jedoch plötzlich in

*einem alten verlassenen Fabrikgebäude. Dort ist
sehr viel los. Alle Assistenten sind gleichzeitig da
und wir steigen über Metalltreppen in den Keller.
Von einer Galerie aus sehen wir in die Tiefe. Dort
sind zwei tote Zwillinge aufgebahrt. Sie haben die
Augen offen und sind ganz weiß. Die Eltern stehen
dabei. Drumherum sind naive Heiligenbilder. Ein
grauenvoller Anblick.*

Vordergründig beschäftigt sich der Traum mit Er-
nestos Beruf – er ist Arzt. Dahinter jedoch steht die
Sehnsucht der Seele nach Entwicklung und Ganzheit. Gefühle, die so lange bei Ernesto nicht zu
Worte kommen durften in seinem Leben, schreien
hier nach Beachtung, während Tüchtigkeit und
intellektuelles Verstehen im Angesicht dieses
Todeserlebnisses zurücktreten. Ernesto, tief beeindruckt, drückt das so aus: «Die offenen Augen
waren entsetzlich – es waren die Augen des Todes
in die ich gesehen habe. Eine grauenvolle Trauer
packte mich!»

Das Unheimlichste aber an diesem Traum waren
für ihn diese Kinder. Dazu sagte er: «Die Zwillinge
waren Kinder, aber gleichzeitig auch Greise. Es
gibt Kinder, die schon alt sind, die aussehen wie
Greise, und diese hatten wenig Kindliches! Die
Kollegen, die mich umgaben, erschienen mir plötzlich als lauter Todgeweihte. Kein weltliches Trauern, sondern ein uraltes Grauen, kein weltlicher

Schmerz rührte mich da an. Auch die Umgebung war unheimlich. Oben auf der Galerie, wo wir standen, war es schon dunkel. Aber da, wo ich hinunterschaute, das war wie ein Schlund.» Die Kinder beschäftigten ihn besonders. Er phantasierte noch weiter zu ihnen: «Die Zwillinge waren Kinder, Greise. Aber sie waren überdimensional groß. Vielleicht waren es göttliche Kinder.»

Er fuhr dann nachdenklich fort: «Ich glaube, ich habe so viel mit Sterben und Tod zu tun, daß ich mich weigere, davon berührt zu werden, und selber den Tod relativiere, ihn nicht ernst nehme.»

Ich: «Und jetzt läßt er Sie nicht mehr los.»

Ernesto: «Ja, ich glaube, der Traum will mir hier etwas Tiefes bewußt machen – die Heiligenbilder an den Wänden, die waren völlig wirkungslos. Es war so wie ein hilfloses Gestalten.»

Ich: «Ja, so hilflos sind Sie bei der Arbeit auf der Station oft im Angesicht des Todes. Und auch, wenn es um Ihre eigenen Gefühle geht!»

Ernesto: «Und alle Assistenzärzte waren hier dabei, aus allen Kliniken zusammengekommen – als Symbol für das Leben wohl!»

Ich: «Intensivstationen können aber auch Tod bedeuten. Diese Erfahrung machen Sie ja auch oft.»

Ernesto: «Ja, ich habe dem Tod mit offenen Augen ins Auge gesehen. Ich werde diese Augen nie vergessen!»

Ich: «Sie haben einen Blick in die Unterwelt getan und das hat Sie erschüttert. Es hat Sie weggetrieben von der Geschäftigkeit, die Sie sonst umgibt, von dem Wunsch, höher und weiter zu kommen, der Tod und Trauer zudeckt.»

Ernesto hat erkannt, daß die Heiligenbilder an der Wand ihm keinen Schutz mehr bieten. Sie stellen eine Religiosität dar, die ihn zwar in seiner Kindheit begleitet hatte, für ihn aber zur bloßen Dekoration geworden ist.

Aus dem tiefen Abgrund der Unterwelt schauen die Augen des Todes herauf zu ihm und bringen ihm eine Botschaft, die vielleicht so lauten könnte: Schau uns an! Schau in den Abgrund, damit du zu dir selber findest! Diese Kinder kann man nicht mit den Maßstäben dessen messen, was du bisher erlebt hast. Es sind Greise und Riesen zugleich und sie haben etwas Göttliches. Schau in diese toten Augen, denn sie verheißen Lebendigkeit, aber eine andere Art von Lebendigkeit als die, die du bisher gekannt hast! Es ist eine Weise des Sehens, die du bisher nicht gekannt hast und die dich ängstigt, weil sie vom Kollektiv nicht akzeptiert wird und von dem, was dir bisher vertraut war (Heiligenbilder). Aber der Blick da hinunter verschafft dir die Möglichkeit einer völlig neuen Wahrnehmung.

Noch ein Wort zu dem Bild des toten Kindes. Nach

Hillman bedeutet das tote Kind eine Aufforderung, das Schöpferische, das Zukünftige nicht außen zu suchen und zu leben, sondern innen, in der Introversion. Dann stellt das tote Kind eine Möglichkeit der Heilung dar, weil es uns unsere Verwundbarkeit und unser Gefühl der Verlassenheit vorführt (Hillman, «Loose Ends, S. 39), etwas was Ernesto bisher immer vermieden hatte. Wenn wir also von toten Kindern – etwas, was ja sehr traurig und erschütternd für uns ist – träumen, so wissen wir, daß es eine Aufforderung darstellen *kann,* uns tiefer nach innen zu wenden und unsere Energie von äußeren Lebenszielen abzuziehen.

Unsere Kultur dagegen fördert die Sucht, alles außen perfekt zu vollbringen und uns von Gefühlen nicht berühren zu lassen. Das Bedürfnis, uns mit den dunklen unnennbaren Dingen in der menschlichen Seele zu befassen, ist meist versteckt, läßt aber neue Dimensionen aufleuchten. Wir haben gesehen: die Aufgaben, die es gilt in der Unterwelt zu lösen, sind ganz anderer Natur als die der Oberwelt, die zum Erfolg führen, zu irgendeinem materiellen Gewinn beitragen oder zum Beispiel auf Verantwortungsbewußtsein und Fairneß beruhen. Es ist ein Reich, in dem oft alles zäh und langsam geht. Die Aufgaben, die da zu erfüllen sind, müssen genau und sorgfältig getan werden und sind von religiöser Bedeutung. Dazu ein Traumbeispiel, das diese Dimension noch einmal deutlich macht. Fanny, eine junge Frau, träumte:

Ich gehe in ein Kaufhaus, um Stopfgarn zu kaufen. Plötzlich werde ich aufgerufen und muß einen langen dunklen Gang nach unten gehen. Ich komme in eine riesige dunkle Höhle, die von Feuer erleuchtet ist, eine Art Hexenküche, in der schattenhafte Gestalten sind. Ein Zaubermeister zeigt mir viele kleine und große Gefäße voll Blut und gibt mir einen goldenen Becher. Meine Aufgabe ist es, die richtige Mischung von verschiedenem Blut da hineinzutun. Ich weiß nicht, welche Mischung richtig ist, aber Leben und Tod, sagt er, hängt davon ab, daß ich die richtige Mischung finde. Ich nehme ein Blutgefäß und gieße langsam etwas davon in den Becher, bis ich eine Ahnung habe, daß es genug ist. Aus jedem Gefäß nehme ich eine andere Menge und ich wähle auch aus, welches Gefäß ich nehme und welches nicht. Am Ende habe ich es fertiggebracht – es war richtig und die einzige Lösung. Die Schatten lösen sich auf – sie sind befreit. Der Zauberer tritt ab!

Fanny war glücklich und begeistert, als sie mir den Traum erzählte, denn sie hatte das Gefühl, jetzt wirklich an einer entscheidenden Aufgabe drangeblieben zu sein. Sie kommentierte: «Früher habe ich nur oberflächlich gelebt, aber ich habe den Eindruck, damit ist es jetzt vorbei! Denn hier geht es um Leben und Tod. Ich wurde hinuntergerufen zu einem Ort, wo ein Feuer brennt und wo ich so etwas wie eine heilige Handlung vollziehen mußte (vgl. Rieß, Traumbild Feuer). Und ich hab das auch sehr ernst genommen. Es gab da große Mengen Blut, aber ich nahm nur kleine. Denn es kam nicht auf die Quantität an, sondern nur auf die richtige Menge und die richtige Zusammenstellung. Ich glaube, der Traum hat etwas mit Werten zu tun und daß ich die endlich anerkenne. Ich habe bisher wenig hausgehalten mit meinen Fähigkeiten.»

Die Einfälle von Fanny deuten schon an, daß sie Schwierigkeiten hatte, das Leben ernst zu nehmen und ihre Talente wirksam und gezielt einzusetzen. Ihr Gefühl, daß es im Traum um den Tod geht, bedeutet, daß das Unbewußte ihr nahelegen will, daß sie nicht ewig Zeit hat und daß Ernsthaftigkeit und Präzision, vor allem aber Eigenständigkeit nötig sind. Der Zauberer gibt ihr nur den Becher, der allerdings golden ist und deshalb von hohem Wert zeugt, aber die Wahl und die richtige Mischung muß sie *allein* treffen.

Der Ruf hin zur Unterwelt geschieht interessanterweise an einem Ort der Extraversion, wo mit rein materiellen Werten gehandelt wird (Kaufhaus). Das bedeutet, daß die Träumerin zu sehr im Oberflächlichen steckte und von da weggeholt wird. Für den Ausgang des Traumes ist die Ernsthaftigkeit und die Sorgfalt, mit der sich die Träumerin der

Aufgabe widmet, ausschlaggebend. Sie bemüht sich, die richtige Mischung des Lebenssaftes (Blut) zu finden, und tut dies mit Hingabe und Leidenschaft. Der goldene Becher des Zauberers hilft ihr zwar dabei, aber die Arbeit muß sie allein vollziehen. Der Zauberer kann dann abtreten und überläßt der Träumerin die Verantwortung für sich selbst.

Die Gaben der Unterwelt

Der Tod:
«Steh auf! Wirf dies ererbte Grauen von dir!
Ich bin nicht schauerlich, bin kein Gerippe!
Aus des Dionysos, der Venus Sippe,
Ein großer Gott der Seele steht vor dir.»

Hugo von Hofmannsthal

Geheimnisvoll und oft sehr unerwartet sind die Gaben, die uns von der Unterwelt dargebracht werden; wie von unsichtbarer Hand und versteckt bieten sie sich uns dar. Manchmal ist es sogar der Tod selber, der sie uns überbringt, denn er ist nicht nur ein Zerstörer, sondern auch ein «großer Gott der Seele».

Ich möchte zu diesem Thema drei Träume bringen. Zuerst den von Judy:

Ich bin mit einem Zwerg zusammen unter der Erde und bereite eine Suppe zu in einem eisernen runden Kessel. Es ist eine außergewöhnliche Suppe. Die Zutaten habe ich von dem Zwerg bekommen. Als ich die Suppe fertig gekocht habe, nehme ich den Kessel vom Feuer und trage sie in einen Raum nebenan. Dort ist eine dritte Person, für die ist die

Suppe vor allem bestimmt. Wie ich noch einmal auf den Suppenkessel schaue, bemerke ich, daß er jetzt plötzlich einen Deckel hat und daß dieser Deckel der Zwerg ist. Deckel und Zwerg sind jetzt ein- und dasselbe.

Zur Zeit dieses Traumes befand sich Judy in einem Konflikt. Sie ist Schauspielerin und sagte mir: «Ich weiß nicht wie ich die Rolle, an der ich gerade arbeite, gestalten soll und will. Der Regisseur möchte, daß ich vor allem das Kühle und Sachliche dieser Figur in den Vordergrund stelle. Für mich aber verkörpert die Frau, die ich darstelle, eigentlich etwas Unergründliches, und ich möchte mehr das Geheimnisvolle an ihr in den Vordergrund treten lassen.»

Den Traum kommentierte sie so: «Es war eine äußerst kostbare Suppe und der Zwerg war sehr geheimnisvoll! Als ich merkte, daß Deckel und Zwerg dasselbe waren, war ich sehr erstaunt. Ich meine, es geht hier darum, daß der Zwerg den Inhalt des Kessels – die Suppe, schützt: nicht jeder kann von dieser Suppe essen, meine ich. Ich habe die Person, für die die Suppe eigentlich bestimmt war, nicht gesehen, aber ich stelle mir vor, es ist eine Frau, eine Königin, nein – vielleicht eine Göttin, der ich ein Mahl bereiten muß. Es ist fast wie eine Opfergabe.»

Der oben geschilderte Konflikt ist nichts Neues für

Judy. Sie steht sehr oft in dem Dilemma, ob sie sich nach anderen, vor allem männlichen Partnern (hier der Regisseur) richten solle, oder ihrer eigenen Intuition folgen und dabei einen Konflikt oder sogar Streit riskieren müßte. Wir haben den Traum beide als Hinweis verstanden, daß es wichtig für sie ist, zu ihren eigenen Eingebungen zu stehen und sich nicht nach dem zu richten, was außen gefordert wird oder opportun erscheint. Die Speise, die im Traum zuzubereiten ist, wird unter der Erde gekocht, und zwar mit der Hilfe eines Zwerges. Zwerge sind seelische Kräfte, die meist sehr kreativ sind. Hier ist es eine Art Erdgeist, der der Träumerin hilft, die Gabe der Unterwelt, die wohl für die große Göttin bestimmt ist, zuzubereiten. Judy sagte, sie habe zuerst gemeint, die Suppe sei für sie, und erst später erkannt, daß dies nicht so war. Die Träumerin hat die Suppe für die Göttin gekocht.

Das Opfer an Götter wurde ja nie gegessen, sondern dargebracht. Psychologisch heißt das für die Träumerin, daß diese Speise, diese Gabe nicht für das Ich, für die Ichstärkung bestimmt ist, sondern für die Seele. Dadurch ist sie in einen Prozeß hereingezogen, in dem es nicht um oberweltliche Nahrung, sondern um Wandlung geht. Es wird hier mit Hilfe des Zwerges eine Seelenspeise gekocht. Diese Handlung erinnert an das, was Hillman «soul-making» nennt. Es werden hier in der Unter-

welt seelische Substanzen zubereitet – es wird
Seele geformt. Wichtig ist auch das Motiv des ver-
schlossenen Gefäßes, das uns an das alchimistische
vas hermeticum erinnert: was der Alchimist kocht,
muß verschlossen bleiben, damit die Substanz sich
wandeln kann und sich nicht verflüchtigt. Der
Zwerg, der zum Deckel wird, hütet und verschließt
die Suppe als Geheimnis. Und dieses Motiv
schließt wieder an Judys Frage an: «Soll ich nicht
eher das Geheimnisvolle in der Frau, die ich verkörpern muß, darstellen?»

Dieser Traum zeigt uns, daß die Gaben der Unterwelt weder für die Ichstärkung da sind noch vom
Ich gemacht werden, aber durch das Ich herstellbar
sind. Im Traum war es der Zwerg, der die Zutaten
gab, während das Rezept geheim blieb.

Im folgenden Traum einer Künstlerin, Maja, geht
es um ein ähnliches Motiv:

Ich bin bei R., meiner Analytikerin; sie hat ein Ge-
tränk als Geschenk erhalten. Es ist eine blau-
schwarze Milch. Sie mahnt, man solle nicht zu viel
nehmen, weil es etwas sehr Seltenes und Kostbares
mit Heilwirkung sei. – Milch von einem magischen,
verborgenen, unterirdischen Wesen. Eine unbe-
kannte Frau tritt plötzlich ein. Sie nimmt unbefan-
gen etwas von dieser Milch, will sich sogar etwas mit
nach Hause nehmen. Ich probiere zunächst nicht
davon. Doch dann trinke ich abgewendet einen

*Schluck aus der Flasche und muß aufpassen, nicht
alles auszutrinken, denn es geht so leicht und fließt
mir so schnell in den Hals.*

Maja fügte noch hinzu: «In dem Traum sprach ich
mit ganz hoher Stimme, so, als würde sich etwas in
mir verselbständigen: etwas sprach plötzlich aus
mir. Nachdem ich die Milch heimlich getrunken
hatte, wußte ich plötzlich, worum es ging. Ich verstand, *es geht hier nur um mich, um mein Leben,*
und ich wußte, daß *nur das zählt* – ich verstand, daß
Leben und Tod keine Gegensätze sind, sondern zu-
sammengehören.» Sinnend fügte sie hinzu: «Der
Gegensatz zum Tod ist nicht das Leben, sondern
Unlebendigkeit.»

Zu dem Wesen, von dem die Milch stammte, phantasierte Maja folgendes: «Dasjenige, von dem die
Milch stammt, heißt Belladonna. Es ist ein Wesen
halb Tier und halb Pflanze, vielleicht auch eine
Kröte. Es scheint mir, daß da, wo das Wesen beginnt, ein Stück weiter schon das Ende der Welt ist,
und doch sitzt es an einer Stelle, wo die Unterwelt
nicht so getrennt ist von der Oberwelt, sondern
durchlässig. Die schwarze Milch, die ich bekomme, hat Heilwirkung. Es ist ein Trank, der erst
genießbar und möglich wird, wenn ich auf mein ge-
machtes Nest zu Hause verzichte.»

Maja hatte über sehr lange Zeit einen schweren
Konflikt mit sich herumgetragen: einerseits lebte

sie das Leben einer emanzipierten Frau, andererseits konnte sie von einem alten, sie lähmenden Wunsch nicht Abschied nehmen, nämlich als Frau in ihrer hohen und angesehenen Familie und Gesellschaftsschicht anerkannt zu werden. Es war ihr intensiver Wunsch, als Frau den Männern gleichgestellt zu sein. Dies aber war wegen der patriarchalen Struktur dieser Gesellschaftsschicht nicht möglich. Deshalb mußte sie diesen Wunsch aufgeben. Mit dem Trinken der Milch wird angezeigt, daß sie diese väterliche Welt freiwillig verläßt und in eine andere geht, in der *das Weibliche* Nahrung spendet.

Mit Hilfe dieser Traumbilder konnte sie sich von den alten patriarchalen Gesetzen, die ihre Familie und auch sie zeitlebens bestimmt hatten, endlich verabschieden. Dadurch hob sie einen Schwebezustand, den sie als Unlebendigkeit erlebt hatte, auf. Bei Maja bewirkte dies langsam die Erkenntnis, daß sie nicht als Nachfolgerin ihrer Eltern in einer illustren Familie auftreten wollte, sondern daß sie einfach eine Frau war. Eine durchschnittliche, wenn auch sehr begabte Frau. Eine große Erleichterung und ein Gefühl innerer Freiheit, die sie vorher nie gekannt hatte, machte langsam der Unlebendigkeit Platz.

Das zentrale Symbol ist hier die blau-schwarze Milch, die von einem Unterweltswesen stammt, das Belladonna heißt, was so viel wie «schöne Frau» bedeutet. Milch ist die Nahrung der Wiedergeborenen, die die Wandlung erlebt haben. Man spricht auch von der «Milch der Weisheit». Während weiße Milch Muttermilch für das Kind ist und die Farbe der Reinheit und Unschuld trägt, ist die schwarze Milch ein unterweltlicher Trank, eine Todesmilch. Sie stammt von einem Wesen, das anscheinend keine Mutter ist, aber doch Milch, die Essenz des Weiblichen, spenden kann. Maja und ich haben diesen Traum so verstanden, daß diese Gabe Heilung bringt gerade deshalb, weil es keine mütterliche Milch ist: diese schwarze Milch löst sie aus der Abhängigkeit ihrer Elternbindung heraus. Das Trinken der Milch muß hier verstanden werden als ein Opfer an die Götter, ein Tribut an das dunkle Weibliche, das weit entfernt ist von den männlichen Verhaltensmustern und Wünschen, die Maja bisher bestimmten.

Wichtig ist auch die Feststellung, daß die Milch nicht von mir, ihrer Therapeutin, kommt, sondern daß auch ich sie als Geschenk erhalten habe. Käme sie von mir, wäre es ja wieder ein mütterlich-verwöhnender Trank. So aber hat diese Milch etwas, was uns beide mit dem Unterweltlichen verbindet, und bewirkt eine Solidarisierung im Angesicht des dunklen Weiblichen.

Wir sehen hier, daß die Unterweltlichen ihre Gaben dann schicken, wenn eine Bereitschaft da ist, dieselben anzunehmen, auch wenn diese Gaben oft abstoßend und wunderlich sind. G. Isler berichtet in seiner Arbeit über Alpensagen, daß schwarze Milch oder dunkles Mus sehr oft von Geistern angeboten wird. Diese Speise darf dann auf keinen Fall abgeschlagen werden. «Durch das Annehmen der Geisterspeise wandelt sich ein bisher bedrohlicher, lebensfeindlicher Zustand in einen das Leben fördernden» (Isler, S. 210).

Die verschiedensten unterweltlichen Figuren bringen uns in Träumen wertvolle Geschenke. Oft ist es der Tod selber, der als Gabenbringer auftritt. Dies erfuhr eine Frau, Sonja, in einem Traum, der wie folgt lautet:

Mit einem winzigen Mann, der eine Zipfelmütze auf dem Kopf hat wie ein Zwerg, gehe ich im Wald auf einer Straße entlang. Der Zwerg ist ein russischer Bauer, ein Leibeigener, denn wir sind in Rußland. Ich stelle ihm eine Frage und er antwortet mir, daß er absolut nichts weiß, auch nichts wissen könne, weil er nie in die Schule gegangen sei – er habe nie etwas gelernt – er sei nur ein ganz dummer Bauer! Ich schreie ihn an, daß das Konzept «dummer Bauer» nicht mehr existiere, das sei längst überholt. Sein Unwissen sei auch nicht seine Schuld, sondern die Schuld des Regimes. Jemand hinter mir ruft, ich solle den Mund halten, wir seien in Rußland!

Plötzlich sehe ich links von mir einen tiefen Graben, aus dem ein Mann emportaucht. Er ist jung und schön und hat eine Sense in der Hand. In dem Augenblick erkenne ich den Tod als Killer, als Mörder. Oder ist es ein Agent der Geheimen Staatspolizei? Als ich mit dem Zwerg – Bauer – aus dem Wald komme, überreicht mir ein Bote einen Umschlag. Ich denke, das ist die Vorladung zur Staatspolizei. Aber als ich den Umschlag öffnete, finde ich eine wichtige Botschaft darin. Es sind Ergänzungen und Informationen zu dem Buch, an dem ich gerade schreibe, Dinge, die geheim sind und an die ich selber nie herangekommen wäre! Mit diesem Kouvert zusammen wird mir ein Arrangement von wunderbaren Blumen und Früchten in den herrlichsten Farben offeriert.

Dieser Traum zeigt die Figur des Todes als Schnitter und Gabenbringer. Bei Sonja hinterließ dieser Traum ein Glücksgefühl, und sie sagte mir: «Ich weiß jetzt, daß ich schreiben muß und kann.»

Ihre Einfälle zu dem Traum: «Der Leibeigene tat mir sehr leid. Er schien völlig getreten und unterdrückt. Und doch hatte er ein tiefes seelisches Wissen, aber es war ihm völlig unbewußt – er war noch in alten Fesseln eingezwängt. In ihm steckte die ganze Tiefe und Seele des leidenden Rußland. Ich glaube, es war sehr wichtig, daß ich diesen Bauern verteidigte und mich auch nicht beirren ließ von der Drohung, daß wir in einer Diktatur seien und ich Schwierigkeiten bekommen könnte. Als ich mich mit diesem Bauern-Zwerg solidarisierte, da tauchte plötzlich von unten dieser Mann auf mit der Sense, und obwohl er strahlend aussah, wußte ich, es ist ein dunkler Mann: es ist der Tod. Und doch war er es, der mir dann diese Gaben überreichen ließ, nämlich die Ergänzungen zu meinem Buch, die Blumen und Früchte.»

In der Erscheinung des «Killers», der aus dem Unteren, dem Graben plötzlich auftaucht, steckt eine heilige Figur. Er ist einer, der Bewußtsein schafft und zwar dadurch, daß er den Menschen von alten Anhänglichkeiten trennt (Hillman, S. 166). Dieser Killer ist hier nicht in schrecklicher Gestalt dargestellt, sondern als schöner Jüngling. Der Sensen-Mann als Tod ist derjenige, der reifes Korn mäht, das fällige, und der als Schnitter für Ernte sorgt. So wie er Korn schneidet, mäht er auch die Menschen in ihren alten Bindungen und überholten Dingen; so steht er als unterweltlicher Bote, als einer, der unerbittlich Altes verschwinden lassen will. Dies ist auch unbedingt notwendig, denn wir erfahren in dem Traum, daß Sonja in Begleitung eines Bauern ist, der sich noch als Leibeigener deklariert; als ob er noch nie etwas von der russischen Revolution gehört hätte! Er wähnt sich noch als Knecht, obwohl er längst befreit worden ist! Psychologisch heißt das, daß Sonja seelische Kräfte in sich hat (russischer Bauer-Zwerg) die nicht aktiv werden können, weil sie starke Gefühle der Minderwertigkeit eingeben («dummer Bauer»).

Der Killer taucht in dem Augenblick auf, als die Träumerin dem Bauern bewußt macht, daß sein Zustand eigentlich schon ein ganz anderer ist. Sie setzt sich schreiend und unbekümmert für ihn ein, lautstark, obwohl sie damit riskiert, von der «Geheimen Staatspolizei» geschnappt zu werden. Das heißt: sie setzt sich für die unterdrückten Anteile in ihrer Seele ein und achtet nicht mehr auf die Meinung der kollektiv herrschenden Schicht.

Sonja hat es tatsächlich schwer, sich mit ihrer kreativen Arbeit durchzusetzen, denn wenn immer sie es tut, bekommt sie entweder Schuldgefühle, weil sie nichts «Nützliches» für sich und ihre Familie oder für die Gemeinschaft tut, oder sie wird von Minderwertigkeitsgefühlen geplagt, daß ihre Ideen und Fähigkeiten ohnehin nicht ausreichen. Das hängt damit zusammen, daß sie ihr eigenes «unterweltliches» Wissen selber zu niedrig einschätzt bzw. gar nicht genügend hochkommen läßt (der erniedrigte Bauer).

Dieser Traum setzte Sonja über ihre eigenen Probleme ins Bild und zeigte ihr den Weg zu ihren schöpferischen Fähigkeiten. Die Blumen und Früchte in ihren wunderbaren Farben deuten auf den hohen seelischen Gefühlswert der Gaben, die ihr vom Tod überreicht wurden, hin.

Nach diesem Traum wurde Sonja klar, daß das Schreiben für sie eine Lebensnotwendigkeit war. Sie erkannte, *daß sie für ihr Leben schreibt,* daß sie das braucht für ihre Selbstfindung, weil sie sich sonst verlieren würde. Sie erkannte plötzlich, daß viele ihrer Gedanken und guten Einfälle wuchsen, ohne daß sie geerntet wurden. Endlich war nun der Schnitter gekommen und ließ ihr einen Teil dieser Ernte (Früchte, Blumen, Botschaft) übermitteln.

Die Gaben der Unterwelt haben oft eine Erscheinungsform, die uns verwirrt und erschreckt, weil sie so außergewöhnlich sind. Sie sind außergewöhnlich, oft revolutionär, um uns Mut zu machen, uns von konventionellen Bindungen zu lösen und Neues zu wagen; um das zu tun, was wir insgeheim schon sehr lange vorhatten und wofür wir uns aus Nützlichkeitserwägungen immer wieder nicht entscheiden konnten. Die Geschenke der Unterwelt, das Zwerggefäß mit der Suppe, die schwarzblaue Todesmilch, die Gaben des Sensen-Mannes, sind zwingende Bilder, die uns nicht so schnell loslassen wollen. Es ist unbedingt wichtig, Vertrauen zu haben, uns nicht abzuwenden und die geheimen Gaben anzunehmen, auch wenn sie uns in Erstaunen versetzen oder uns Schauder einjagen.

Der feurige Todesdämon

Wir haben keine Leitbilder mehr, . . .
Unsere Werte schwanken,
alles verliert seine Sicherheit . . .
Wer ist der ehrfurchtgebietende Gast,
der unheilverkündend an unsere Tür pocht?
Furcht geht ihm voraus und zeigt an,
daß die höchsten Werte
ihm bereits entgegenströmen.

C. G. Jung

Das Motto ist einem Brief entnommen, den Jung
1960 an Sir Herbert Read schrieb, in dem er sich
Sorgen über die geistige und seelische Zukunft unserer Kultur macht.

Den kommenden Gast, von dem Jung spricht,
fasse ich auf als die umwälzende Veränderungs-
möglichkeit in unserer Kultur, eine die uns weg-
führt von extremer Extraversion, von Mut- und
Bewährungsproben, die sinnlos geworden sind.
Der Gast soll uns daran hindern, Grenzüberschreitungen nach oben mit immer höheren Leistungen
und Forderungen fortzusetzen. Zum Teil spiegelt
sich diese Einstellung sowohl im Alltag wie auch in
der Kunst wider. Als Beispiel dafür fällt mir ein

Lied ein, daß ich zufällig im Fernsehen hörte. Der Text lautete ungefähr so:

Wir erreichen die Sterne, überwinden die Ferne,
es gibt nichts was uns hält.
Deine Grenze ist nur der Horizont,
kein Ziel ist zu weit!
Unterwegs in die Freiheit
zum Ende des Regenbogens!

Dieses Lied ist eine Mischung aus naiver Aufputscherei und Größenideen. Es ruft auch Assoziationen hervor zu Kriegs- und Eroberungsgebahren, die uns an Liedertexte des Dritten Reiches erinnern.

Der «kommende Gast» ist einer, der diesem Denken entgegenwirkt. Er bringt uns die unterweltlichen Botschaften, die ich auf verschiedenste Weise in diesem Buch aufgezeigt habe. Der Traum einer jungen Frau, einer Studentin, Sarah, soll hier den «kommenden Gast» in einer seiner möglichen Formen darstellen:

Ich befinde mich mit meinem Ehemann in einem dunklen Raum; ich weiß nicht genau, wo er ist, aber ich weiß, daß er mich umbringen will. Die einzige Chance, die ich habe, ist, den Lichtschalter zu erreichen, damit ich ihn sehen und mit ihm kämpfen kann.

Glücklicherweise finde ich eine Steckdose und ma-
che eine Lampe an. Der Mann steht mir genau ge-
genüber... Er sieht aus wie einer von diesen Holly-
wood-Schauspielern. Ich bin wild entschlossen,
mich zu verteidigen und ihn zu besiegen, und ich
weiß, daß ich gute Chancen habe, es zu schaffen.
Ich greife einen Gegenstand und will gerade auf ihn
losgehen, als ich plötzlich spüre, daß etwas hinter
mir ist. Ich drehe mich um und sehe eine grauenvolle
feuerrote männliche Gestalt ohne Gesicht; es ist
etwa Übermenschliches, ein Dämon, ein Gott,
gegen den ich keine Chance habe und der mich töten
will.

Sarah war durch diesen Traum erschreckt, zugleich
aber von ihm gefangengenommen. Zu dem Hollywood-Mann kamen ihr Erinnerungen an ihren Vater, einem Piloten, der für sie lange eine Idealfigur
gewesen war und den sie als einen ganz außerordentlichen Mann gesehen hatte: «Er durfte keine
Schwächen haben, so habe ich ihn mir immer vor-
gestellt. Jetzt erst kann ich meinen Vater anders
sehen: schwach, hilfsbedürftig und gar nicht so
herrlich und wunderbar.»

Ihre Männerbeziehungen waren natürlich von diesem Bild geprägt. Sarah kommentierte: «Der Hollywood-Mann steht für die Beziehungen, die ich
immer eingegangen bin, und meine falschen Er-
wartungen an den Partner, daß er ganz toll sein

muß; gut aussehen, keine Schwächen haben und noch dazu mich lieben und mich führen sollte.»

Sarah, die unverheiratet war, war auch durchaus fähig für sich zu sorgen. Sie hatte sich mit ausschließlich selbstverdientem Geld durch Abendschulen (Abitur) und Universität hochgearbeitet. Sie war allein mit einem Zelt durch Kontinente gereist und konnte jeder Wirklichkeit standhalten. Ihr äußeres Schicksal bewältigte sie also mit großer Tatkraft. Für ihre eigene Seele konnte sie sich aber nicht sorgend und behütend einsetzen, sondern erwartete ausschließlich von anderen, vorwiegend Männern, seelischen Schutz, «Rettung und Aufwertung» ihrer Person. Obwohl sie sich nichts mehr als Liebe, Nähe und Leidenschaft wünschte, kam sie ihren Partnern entweder zu nahe, oder sie war zu distanziert und konnte sich nicht hingeben. Trotz ihrer hohen Begabung und ihrem fundierten Wissen traute sie sich weder in der Schule noch später auf der Universität zu sprechen. Dieses Problem führte sie auch in die Analyse. In Kolloquien oder Seminaren etwas zu sagen, brachte sie an den Rand des Abgrunds. Dahinter stand ihr Perfektionismus und ihre Ambition, es genauso wie ihre idealisierten und phantasierten Männer, nämlich immer ganz toll, zu machen. Sie wollte groß dastehen, unwidersprochen bleiben, um keine Kritik ertragen zu müssen. Es waren also jene heroischen Allüren nach «mehr, besser, glänzender», für die auch der Hollywood-Mann steht und die Sarah unglaublich quälten und nicht angstfrei leben ließen.

Die zentrale Figur des Traumes, den «Feuermann», sehe ich als den «kommenden Gast». Sarah kommentierte diesen «feurigen Gast» folgendermaßen: «Er schien mir wie eine Kraft, die aus einer ganz anderen Welt kommt, mit der man nicht umgehen kann. Ich war furchtbar erschrocken und dachte: er tötet mich. Und ich habe keine Chance zurückzuweichen, die Wandlung *muß* stattfinden, jetzt. Es gibt kein Zurück zum Hollywood-Stil.»

Sarah beschäftigte sich auch ausführlich mit der Tatsache, daß der «Feuermann» kein Gesicht hatte und hinter ihr stand. Dies machte ihn für sie anonym und bedrohlich. Sie setzte sich eingehend mit dieser Macht auseinander und begann sie zu malen und auf verschiedene Weise darzustellen. Später wurde er zu ihrem Begleiter. Sie nahm ihn in der Phantasie mit in ihre Kolloquien und Seminare und er half ihr, sich durchzusetzen, und gab ihr die Fähigkeit und den Mut, ihre Ideen und Phantasien zu äußern, sowohl schriftlich als auch mündlich. Durch Sarahs hingebungsvolle Zuwendung erhielt der «Feuermann» so langsam ein Gesicht, und seine Anonymität und Bedrohlichkeit wandelten sich in eine positive Kraft.

Das Gegensatzpaar Hollywood-Mann – «Feuermann» illustrieren die von mir beschriebenen Kräfte, nämlich rücksichtsloses extravertiertes Heldentum auf der einen Seite und Unterweltsbote oder ‹kommender Gast› auf der anderen Seite. Der Traum zeigt, daß dieses kollektive Männerideal (Hollywood-Mann) sie nicht mehr beschützen kann, sondern im Gegenteil ihr nach dem Leben trachtet. Es wendet sich gegen sie, weil es ausgedient hat und ihr Eigenständigkeit und Selbstbewußtsein raubt. Es ist gut, daß sie ihn im Traum bekämpft, denn er stellt ihre oberflächlichen Wünsche nach außerordentlichen und brillanten Beschützern dar, etwas was sie nicht mehr braucht, weil sie es in sich selbst finden kann. Da sie so fest entschlossen ist, diesen «Ehemann» zu bekämpfen, erscheint hinter ihr die völlig neue Gestalt: der «Feuermann». Sarahs Gefühl, gegen ihn keine Chance zu haben, kündigt den unabänderlichen Einbruch einer Wandlung an. Daß er kein Gesicht hat, deutet auf die numinose Qualität dieses Wesens hin: das Göttliche zeigt sich immer nur verhüllt. Die Gestalt ist deshalb so groß und furchterregend, weil die Träumerin noch mit diesem Hollywood-Mann liiert ist, während aber in dem Feuermann schon das ganz Neue einbricht und Ekstase und Wandlung verheißt (siehe Rieß, Traumbild Feuer). «Ekstase ist ja etwas wie ein Verlöschen oder Ausgelöschtwerden zugleich mit dem überwältigenden Erscheinen eines neuen Lichtes, ... Wenn man dies einzufühlen vermag, dann wird man die Todesgestalten des dämonisch und doch schicksalhaft raubenden Bräutigams ... erst ... interpretieren können» (Herzog, Seite 125).

Der «Feuermann» kann also als neuer Bräutigam bezeichnet werden. Nicht nur für die Träumerin, sondern für unsere Kultur überhaupt. Er ist eine innere Figur, die Tod und Leben in *einer* Gestalt darstellt. Lockhart (persönl. Mitteilung) sieht in diesem «kommenden Gast» die dunkle Seite von Eros, die jetzt auf uns zukommt. Eros ist nicht nur der süße kleine Amor, sondern tritt wie hier auch als Bräutigam, als Feuermann in einer furchterregenden gewaltsamen Gestalt auf.

Die Unterirdischen suchen die Menschen auf, weil sie sie brauchen. Mit Gewalt machen sie sich bemerkbar, um das Ich dazu zu bringen, sie zu erlösen oder wie in diesem Fall, ihnen ein Gesicht zu geben. Die Erlösung geschieht, wenn wir uns ihnen mit Ehrfurcht und Liebe, mit Eros, zuwenden.

Schlußbetrachtung

> Odysseus darf bei Kalypso
> zwischen der Unsterblichkeit
> und der heimatlichen Erde wählen.
> Er wählt die Erde und mit ihr den Tod . . .
> Er kehrt zur Erde zurück, auf der man stirbt.
>
> *Albert Camus*

Die Unterweltsträume und unsere Beschäftigung mit ihnen bewirken, daß wir uns dem Leben tiefer verpflichtet fühlen, so wie das Nachdenken über den Tod uns enger an das Leben bindet. Eine aktive Teilnahme am Glück und Unglück unserer Zeit ist erst möglich, wenn man sich mit dem Tod auseinandergesetzt hat. Die Zuwendung zu den Bildern der Unterwelt bewirkt eine größere Hingabe an diese Erde.

Wir haben erfahren, daß in vielen der Unterweltsträume von der Weisheit eines Tieres die Rede ist. Das Tier ist nicht weltabgewandt, sondern sehr realistisch. Es steht treu zu seiner eigenen Natur und ist nur befaßt mit den Aufgaben und den Lebenszielen, die ihm gemäß sind. Bilder der Psyche, die als Tiere auftreten, stellen gerade diese Treue und Loyalität zur eigenen innersten Natur und zum Leben dar.

Wenn wir uns mit dem Unterweltlichen abgeben, bewirkt dies, daß wir langsam die Freiheit in uns verspüren, neue Muster zu leben, wie z. B. die Entwicklung und Besinnung auf das Weibliche, auf die Dunkelheit der Seele.

Die Unterweltsträume zu beachten und loyal zum eigenen Inneren zu stehen, heißt aber nicht, daß man immer in seinen eigenen Leiden wühlen muß. Das würde uns in eine Märtyrer- bzw. Märtyrerinnen-Rolle drängen und dort gefangenhalten. Es tritt dann eine Versteinerung der Seele ein, die Spontaneität und Lebendigkeit ausschließt. Aber nicht nur die Dulder- und Opferrolle führt zur Versteinerung, auch das «Machertum». Der «Held», der zum Skifliegen antritt oder der in 24 Stunden im Winter drei Nordwände besteigen muß, leidet auch an diesem Symptom, wenn sein alleiniges Ziel *nur* öffentliche Anerkennung und Selbstbestätigung ist.

Die Gefahr der Grenzüberschreitung nach oben ist groß. Als ich an diesem Buch schrieb, hörte ich gerade eine Ansprache von Präsident Reagan, der nach der Katastrophe des Challanger-Absturzes im Fernsehen diese Worte sagte: «Die Zukunft gehört nicht den Zaghaften, sondern den Mutigen.» Das ist sicherlich ein großartiger Gedanke, aber nur dann, wenn er nicht der Ich-Darstellung dient. Ich finde es mutiger, Schwäche und Bedürftigkeit zeigen zu können. Vielleicht wäre es deshalb besser zu glauben, die Zukunft gehöre denen, die sich zur Zaghaftigkeit und Schwäche bekennen. Der zaghafte Mensch ist nicht voreilig, sondern kann sich und seinem Inneren mehr Beachtung schenken und sieht auch nicht über die Ängste der Seele hinweg. Er bezieht die Gestalten und Bilder der Unterwelt mit ein. Von dort bekommt er Antworten, die ihm die Oberwelt nicht geben kann.

Es gibt Orte und Erfahrungen, die die Seele töten, und solche, die sie nähren. Die Unterwelt ist ein Ort des soul-making, der Seele-Werdung.

Literatur

Anderten, Karin: Traumbild Wasser, von der Dynamik unserer Psyche, Walter 1986

Hark, Helmut: Traumbild Baum. Vom Wurzelgrund unserer Seele, Walter 1985

- Der Traum als Gottes vergessene Sprache. Symbolpsychologische Deutung biblischer und heutiger Träume, Walter ³1985

- Träume als Ratgeber. Deutungshilfen für die Praxis, Walter ²1983

Herzog, Edgar: Psyche und Tod, Rascher 1960

Hillman, James: Loose Ends, Spring, Dallas 1978

- The Dream and the Underworld, Harper and Row, New York 1979 (dt. Übers. hier: A. v. Raffay); deutsch: Am Anfang war das Bild. Unsere Träume – Brücke der Seele zu den Mythen, Kösel 1983

Jung, C. G.: Briefe I und III, Walter 1972/73

- Paracelsus als Arzt, in: Ges. Werke 15, Walter ⁴1984; Grundwerk 9, Walter 1985

- Paracelsus als geistige Erscheinung: Ges. Werke 13, Walter ²1982

- Symbole der Wandlung = Ges. Werke 5, Walter ⁴1985; Grundwerk 7 und 8, Walter 1985

Kassel, Maria: Das Auge im Bauch. Erfahrungen mit tiefenpsychischer Spiritualität, Walter ²1986

Leonard, Linda Schierse: The Wounded Woman, Swallow Press, Athens, Ohio 1982

Perera, Sylvia Brinton: Descent to the Goddess, Inner City

Books, Toronto 1981 (dt. Übers. von A. v. Raffay); deutsch: Der Weg zur Göttin der Tiefe, Ansata, Interlaken 1985

Rieß, Gisela: Traumbild Feuer. Von der elementaren Wandlungskraft, Walter 1986

Sauer, Gert: Traumbild Schlange. Von der Vereinigung der Gegensätze, Walter 1985

Die Autorin

Anita von Raffay, in Wien geboren, Gymnasium in Wien und Paris, Fortsetzung der Schulbildung in San Francisco und New York City, B. A. Degree am Smith College, Northampton, Mass., mit Hauptfach Geschichte und englische Literatur. Danach Studium der Philosophie, Psychologie und Psychiatrie in Zürich und Innsbruck, Promotion zum Dr. phil. an der Universität Innsbruck. Heirat, zwei Kinder. Ausbildung als Psychoanalytikerin am C.-G.-Jung-Institut Zürich und am Institut für Psychoanalyse, Bremen. Seit 1971 eigene Praxis in Hamburg, Lehrtätigkeit am Bremer Institut für Psychoanalyse und Psychotherapie. Publikationen in Fachzeitschriften.

In der Reihe
Träume als Wegweiser
sind bisher erschienen:

Ruth Ammann
Traumbild Haus
Von den Lebensräumen der Seele

Karin Anderten
Traumbild Wasser
Von der Dynamik unserer Psyche

Helmut Hark
Traumbild Baum
Vom Wurzelgrund der Seele

Verena Kast
Traumbild Wüste
Von den Grenzerfahrungen unseres Lebens

Mechthild Pouplier
Traumbild Fisch
Vom Leben in der Tiefe der Seele

Ingrid Riedel
Traumbild Fuchs
Von der Klugheit unserer Instinkte

Gisela Rieß
Traumbild Feuer
Von der elemtaren Wandlungskraft

Gert Sauer
Traumbild Schlange
Von der Vereinigung der Gegensätze

Walter-Verlag

C. G. Jung

Von Traum und Selbsterkenntnis

Einsichten und Weisheiten

Ausgewählt von Franz Alt

Eine kleine Einführung in die Traumpsychologie und die Wichtigkeit der Träume und ihrer Deutung für unser Leben. C. G. Jung, der über 80 000 Träume analysiert hat, zeigt wie kein anderer vor ihm die Funktion der Träume auf. Anhand von Textauszügen wird dies verständlich und konkret dargestellt. Die Träume verhalten sich kompensatorisch gegenüber dem Wachbewußtsein, indem sie die Schlagseiten unserer bewußten Einstellung zum Ausgleich zu bringen suchen. Sie verhalten sich aber auch prospektiv, indem sie auf die Folgen hinweisen, die unweigerlich entstehen werden, wenn das Ich seine falsche Einstellung nicht ändert. Diese Folgen finden wir massenhaft in unserer Gesellschaft und unserem persönlichen Leben vor: aufgeblähte Persönlichkeiten, der fremdgesteuerte Massenmensch, das Verlangen nach Sündenböcken. Rettung aus dieser kollektiven Misere kann nur die von den Träumen geforderte Änderung unserer Einstellung bringen.

Walter-Verlag

Helmut Hark

Der Traum als Gottes vergessene Sprache

Symbolpsychologische Deutung biblischer
und heutiger Träume

230 Seiten, 3. Auflage 1985

An alt- und neutestamentalischen, aber auch an antiken
Träumen zeigt der Autor, wie den Menschen im Traum
Wegweisung von Gott widerfuhr. Dies ist aber heute noch
der Fall, wie Träume von Marc Chagall und anderen, so die
Traumserie einer Frau, eindrucksvoll zeigen.

Helmut Hark

Träume als Ratgeber

Deutungshilfen für die Praxis

199 Seiten, 2. Auflage 1983

Daß Träume als Stimme unseres Unbewußten zu den besten
Ratgebern gehören, ist eine große Neuentdeckung unserer
Zeit. Wie man das für sein Leben nutzbar machen kann,
zeigt dieses Buch in einer Fülle von Erfahrungsmaterial.
Auch für die Praxis von Ärzten, Seelsorgern und Beratungs-
stellen ist das von Bedeutung.

Walter-Verlag